舞雲 千秋事 歷立 夕郭

朱子学与阳明学

［日］小岛毅　著

胡　婧　译

生活·讀書·新知 三联书店

图书在版编目（CIP）数据

朱子学与阳明学 /（日）小岛毅著；胡婧译.
北京：生活·读书·新知三联书店，2025.3. —（通识
文库）. —ISBN 978 - 7 - 108 - 08049 - 3

Ⅰ. B244.75；B248.25

中国国家版本馆 CIP 数据核字第 2025KC2767 号

责任编辑　杨柳青
封面设计　黄　越
责任印制　洪江龙
出版发行　生活·讀書·新知 三联书店
　　　　　（北京市东城区美术馆东街 22 号）
邮　　编　100010
印　　刷　江苏苏中印刷有限公司
版　　次　2025 年 3 月第 1 版
　　　　　2025 年 3 月第 1 次印刷
开　　本　880 毫米×1092 毫米　1/32　印张　8.75
字　　数　150 千字
定　　价　58.00 元

目　录

前言

　　本书的主要目的是用思想文化史的方式解读创立于宋代的朱子学和流行于明代的阳明学之学说。

　　不同于哲学式的分析和解读，"思想文化史的方式"意味着在聚焦这两个学派诞生的时代背景以及问题意识的同时，还尝试探寻"之所以会这样想"的原因。这种解读方式常被误认为仅仅是为了满足对思想文化遗产的一种好奇。然而事实正好与之相反。"思想文化史的方式"不仅是对思想学说内容本身的学习，还能通过探究思想形成的根源为生活在不同社会现状、文明环境中的我们提供一个解决问题的"思考提示"。这也正是本书的出发点。

　　对我们日本人——准确地说是用日语思考的人——来说，朱子学和阳明学同我们有着很深的渊源。

经历了明治时期文明开化的启蒙，我们看似是遵循近代西方的方式实现了理性的思考活动。然而在翻译"文明""启蒙"乃至于"理性"这样的西方概念时，那些受到儒学思想熏陶的前人纷纷选择了汉语词汇。诚然，在翻译西方概念时，这些词语被赋予了不同于传统的全新内涵。但是，这些汉语的原意在思考的过程中仍会悄然进入我们的意识，使我们的思考染上些许偏离原文本意的气息。这么说来，在中国思想里"气"这个字也是一个重要的术语呢。

中国思想无疑源自一个与当代的我们有着巨大差异的文明社会，但它同样也和我们息息相关。只有把握了这种两面性才能真正确立对儒学及儒教的态度。在这个前途未卜的时代，市井书店中"向××学习"式的通俗启蒙读物随处可见。同时，用严谨的学术视角对话思想的需求也在逐渐高涨。若本书能为读者展现别样的朱子学与阳明学面貌，将是我莫大的荣幸。

二〇〇三年四月十日于本乡研究室

小岛毅

正在阅读本书的读者或多或少都应该听说过朱子学和阳明学。对于"两者究竟有何不同"这一问题你们又是如何回答的呢?"朱子学主张性即理,阳明学则是心即理。"大多数人在复习考试的时候应该都是这样记住的吧。这个答案并没有错。教科书上也都是这么写的。

那么,如果我继续追问"什么是性即理?心即理又是什么意思?"的话,你们又当如何回答呢?

我在这本书中详细解说了朱子学和阳明学诞生的时代背景和学术理想,进而阐明为何朱子学提倡性即理而阳明学却主张心即理的问题。简而言之,就是从思想史的角度出发去论述这两个学派。

为了更清晰地阐明两学派的异同,我特意摒弃了按时间序列介绍思想学说的方式，而是选择以朱子学和阳明学的对比为切入点来逐章解说。在这一点上，我想我应该已经很好地达成了这个目标。另一方面，这种论述的方式却也令你们很难看清思想本身的轮廓。因此，我想先在文库版前言中简单陈述一下两学派的背景。

儒家以孔子（公元前 552 或 553 年—479 年）为开山祖师，孔子逝后则由其弟子、孙弟子和重孙弟子继承和发展，并在纪元前后（也就是耶稣诞生的时候）成为支撑整个王朝体制的思想。随后的两千年里，虽然历经迂回曲折，儒家思想已然成了华夏文明的基石。不仅在中国，孔子的教诲也传播至韩国、越南以及隔海相望的日本，并在这些国家的制度构建中发挥了重要的作用。这种国家制度一直持续到了 19 世纪中叶以后，直至西方的主权国家概念在东亚传播，各国完成了近代国家体制的改革时方才戛然而止。儒家思想曾是近代以前旧制度的象征。

然而，在这两千年里儒家思想也并非一成不变。关于这个问题，学者之间仍然存在一些分歧。我认为，儒家思想最大的转变是 11—12 世纪兴起的思潮。而在这个思潮中最具代表性的就是朱子学和阳明学（关于清朝考据学的问题可以参考我在本书第十三章中的论述）。

不论是朱子学还是阳明学，都标榜自己继承了孔子学说的正统。就这一点来说，与其说两学派的思想基础在于主观上构建全新的理论体系，不如说它们是出于对曾经儒教的反思与修正（在朱子学中是指汉代之后的儒教，而在阳明学中则是指朱子学）试图回归孔子原意，以正确引导天下国家并重建正统。或许用我们现在的标准（比如基本人权、科学主义等）来看的话这不过是些陈词滥调，但是对当时的他们来说继承孔子的教诲才是人类的使命。

写到这里我想大家已经能够猜到，我把他们放在了研究对象的位置上。我本人既不是朱子学者，也并非阳明学者。因此，这本书既不是为了宣传朱子学和阳明学之学说的价值，也不是为了枚举各学说的缺点并加以批判。它的旨趣可以用一句话来概括：比较这两个在历史背景下诞生并聚集了众多信奉者的、代表近代儒家的思想流派。作为一名学者，我的方法是基于他们自身的意图去分析那些存在于过去的思想学说。

我认为像这样公平公正地分析对于正确认识历史是非常必要的。若非如此，便会滑向一味回避历史真相，沉溺于自身期望的片面视角，最终坠入自我肯定的陷阱。像这样的例子比比皆是。"对讨厌的事物视而不见"固然体现了人生中一种无法否认的特质，但若止步于此，那岂不是连镜中的自己都无法直视了吗？

儒教虽然诞生在中国，却也对韩国、日本等国的思想文化产生了深远的影响。不，不仅仅是"影响"

更是已经深入骨血了。然而，由于各自国家的传统（相较于自上古开始自然形成的民族特征，此处所说的"传统"更倾向于由众多历史事件形成的国家特质）的不同，即便是共举一面旗帜也会生出截然不同的特征。不论是朱子学还是阳明学，在东亚各国间传播时都体现了这种共性和差异。这仅是了解中国和韩国的前提，并不涉及"孰优孰劣"的问题。

至此，话题已经开始变得有些抽象和理论化了。"理"之一词如此醒目，难道是因为我已近"朱"者赤了吗？至于对本书的批判则托付给读者诸贤的（西方近代哲学意义上的）理性吧。

小岛毅

中文版序言

　　本书最初于 2004 年 3 月作为放送大学的教材出版，写作完成于 2003 年。随后，又在 2013 年以普及版的形式收入筑摩学艺文库。转眼间，距离初次动笔已过去二十多年，文库版的再版也已有十多年。值此中文译本出版之际，我撰写此序，借此记录当下的心境。

　　放送大学是一所开放制的广播电视大学，拥有专属的电视频道和广播节目。《朱子学与阳明学》便是其中一门广播课程，共十五讲，每讲 45 分钟，自 2004 年起连续开设了四年。2003 年，我亲赴放送大学校园的录音室，用独自解说的方式完成了课程的录制。为此，我依据本书的内容编写了广播稿，经过导演润色后，再由我逐字朗读。多的时候一天能录制三讲。随着经验的积累，读错的次数逐渐减少。尤其是在录制最后几讲（第13章至第15章）时，我已经能够一气呵成。时至今日，这段经历依然让我颇感自豪。

课程结束后，本书的发行也随之中断，在之后很长的一段时间内都处于绝版的状态。然而，市场的需求却始终未减，网络上二手书的售价居高不下。在这样的背景下，本书最终以文库版的形式得以再刊。然而，再版后封面腰封上的宣传语——"中国和韩国为何会是那样？"——却在社交媒体上引发轩然大波，以至于出版社不得不出面解释。这句宣传语是我与筑摩书店共同商议后决定的，绝无任何歧视或贬低之意。遗憾的是，一些过于敏感的人未曾细读本书，仅凭只言片语便妄下定论，掀起争议。令人啼笑皆非的是，那些一贯斥责我"媚中反日"的右翼网民（俗称"网络右翼"），反而在此事件中为我辩护。这场闹剧，归根结底不过是这些人固执己见和断章取义的结果。我既不厌恶中国和韩国，同时也深爱着自己的祖国日本。

我对朱子学与阳明学（中文中常简称为"宋明理学"）的态度亦是如此。作为研究对象，宋明理学深深地吸引了我。理学家的言论，就像其名称一样，一以贯之以"理"，令人信服。但与此同时，教义中关于男尊女卑、华夷之别等的观念，又让我心生抵触。我怀着敬意研究这些思想，但从不盲从。这便是我始终坚持的态度。

在第 15 章中，我提到唐君毅和《为中国文化敬告世界人士宣言》。唐君毅是一位极重视"自作主宰的判断"的思想家。"主宰"一词源自朱熹。这七个字用宋明理学的话来说就是"自得"，是不盲从权威、独立思考和自主选择的意思。这是宋明理学最基本的人性论。为此，自由的言论环境是不可或缺的。朱熹本人也曾因被冠以"伪学"之名而遭受打压。然而，他的追随者最终为其学说正名，并在《宋史》中将韩侂胄定为"奸臣"。历史最终给予了公正的裁决。唐君毅等人发表"宣言"的目的，在本书正文中已有详述。尽管我并不完全认同他们的观点，并认为他们对宋明理学的理解存在许多思想史上的谬误。但我始终坚信，他们的信念是宋明理学的践行者千年来薪火相传的成果，作为一种能够制约政治暴力的思想力量，这种精神在当代依然值得尊重。

小岛毅

2024 年 11 月

一 什么是朱子学·阳明学？

全书共分 15 个章节，主要围绕"朱子学与阳明学"这两大代表近代中国思想的学派进行解说。本章作为导入，通过指出通俗理解中存在的问题以揭示全书的意图。

1. 辞典里的定义

我首先想引用岩波书店出版的《广辞苑》（第五版）中的定义，对本书讨论的朱子学与阳明学进行初步说明。尽管后续将有更为详尽的补充，但在此我要特别指出，选择《广辞苑》是因为其以简洁的篇幅凝炼了当前的标准解释。

【朱子学】

南宋的朱熹以北宋以来的理气世界观为依托，构建儒学体系，并将其推至巅峰。他用二元论的方式解释宇宙，气被视为存在的表现形式，而理则是存在的根据与法则。在人的层面上，前者成为气质之性，后者则构成了本然之性。在这一体系中，理与性旳结合确立了"性即理"的命题，进而将理的自我实现作为了根本的追求。格物致知、居敬穷理、主敬静坐等都是实现的方法。因为强调"理"作为规范与名分的重要性，这一思想在明清时期被系统化为封建身份制秩序的意识形态，并被李氏朝鲜和江户时代的日本所吸收。日本的藤原惺窝[1]、林罗山[2]、木下顺庵[3]、室鸠巢[4]、山崎闇斋、柴野栗山[5]、尾藤二洲[6]等被视为朱子学派的代表。

【阳明学】

明代王阳明所倡导的儒学。王阳明最初针对朱子学的"性即理"提出了"心即理"，随后发展为"致良知"，晚年又提出了"无善无恶"说。他一方面批判了明代已经僵化的朱子学，另一方面试图建立符合明代社会现实的"理"。这一努力最终催生了经典权威的相对化，确立了肯定欲望之

---

1 藤原惺窝（1561—1619），日本安土桃山时代和江户初期的儒学者，推动朱子学在日本传播，将儒学与佛教融合，倡导"儒释一致"。——译者 * 以下注释若不特别指出，均为译者注。
2 林罗山（1583—1657），江户时代初期儒学家、政治家，藤原惺窝弟子，发展朱子学并系统化。
3 木下顺庵（1621—1699），江户时代儒学家，师从林罗山。他在江户幕府中担任儒学顾问，推动朱子学教育，影响德川光圀等大名。顺庵提倡实学，强调道德实践，注重学术研究与政治实践结合。
4 室鸠巢（1668—1734），江户时代中期儒学家，木下顺庵弟子，朱子学的主要代表之一。
5 柴野栗山（1736—1807），江户时代中期的儒学家和政治家，师从室鸠巢。
6 尾藤二洲（1743—1803），江户时代中期儒学家，柴野栗山弟子，朱子学的主要代表之一。他在幕府中任职，积极推动儒学教育，撰写多部儒学著作，提倡实学和道德实践。

理等一系列新思潮。在日本，这些思想被中江藤树[1]、熊泽蕃山[2]以及大盐中斋[3]等人所接受。又称王学、心学。

朱子学和阳明学分别由南宋（1127—1276）的朱熹和明代（1368—1644）的王阳明（本名王守仁）创立。就像前文解说的那样，阳明学起初是作为批判朱子学的言论登场的。在明代后期，即16世纪后期到17世纪前期，朱子学的拥护者和新出现的阳明学者之间爆发了一场激烈的论战。此时正值日本的安土桃山时代到江户初期，这两个学派在相互争论的状态下同时传入了日本。

2. 日本接受史的特征

然而，日本在接受这两个学派时却遇到了问题。当时，朱子学确实已经在中国和朝鲜成为制度化的官方教育体系。但是，江户幕府并不是从一开始就意识

1　中江藤树（1608—1648），江户时代初期的儒学家，是日本阳明学的开创者之一。他强调知行合一，注重道德实践和心性修养，提出"孝道"是所有德行的根本。

2　熊泽蕃山（1619—1691），江户时代初期的儒学家，师从中江藤树，是阳明学的主要代表之一。

3　大盐中斋（1793—1837），江户时代末期的儒学家，崇尚阳明学，提倡知行合一和实践道德。他对幕府的腐败和社会不公深感不满，发动了"大盐平八郎之乱"以反抗幕府统治。

到这一点并将其定为官学的。即便是在幕府的当权者之间，林罗山所提倡的学说也几乎没有被人理解。他是作为学术顾问和外交官被任用的。至于朱子学从一开始就作为倡导"上下定分之理"的学说支撑着幕藩体制的意识形态的看法，不过是后世的误解罢了。

追根溯源，藤原惺窝和林罗山的学说与其说是忠实于朱熹本人，不如说是源自经过了明代与阳明学的争论，再由朝鲜的李滉（退溪）等人整理后的新理气世界观。哪怕是标榜回归朱熹的山崎闇斋的学说，也没有顾及朱熹所处的历史环境和社会环境，而是纯粹基于书本形成的表象重构的朱子学，结果成了与正宗的中国朱子学大相径庭的学问。

中江藤树和大盐中斋（平八郎）的阳明学亦是如此。他们确实熟读阳明学的读物并从中汲取了学说和实践的养分，但这些学说是在与明代阳明学流行背景截然不同的语境中，按照自己的方式理解并发展阳明学的结果。

将他们统一划归到阳明学派中的是明治时期的日本学者。高濑武次郎[1]的《日本之阳明学》（1898）正是这一观点的先驱，而井上哲次郎[2]的《日本阳明学

1　高濑武次郎（1850—1912），明治时期的儒学家和教育家，致力于复兴儒学，强调道德教育与社会责任。
2　井上哲次郎（1855—1944），明治-昭和时期的儒学家和哲学家，致力于儒学和西洋哲学的融合。

派之哲学》(1900)则使这一看法得以广泛传播。内村鉴三[1]用英语汇总的《代表的日本人》(1894)则将西乡隆盛[2]是阳明学者这一观点流传到了欧美。同样，新渡户稻造[3]的《武士道》(1899)也提到了作为武士道精神基础的阳明学。

因此，明治时期之后的日本普遍将朱子学和阳明学并称为代表近代儒学的两大流派。他们当然知道两者出现的时期有所不同，却很少讨论它们的历史背景，而是着重分析两者在思维结构上的差异。井上哲次郎是这样描述两者之不同的。

> 然因朱子学为官府之教育主流，故阳明学多由民间学者倡导，遂成官学与民学之别。如此，阳明学近乎成为平民主义之象征。(《日本阳明学派之哲学》叙论)

井上哲次郎受政府委托编写《敕语衍义》[4]

---

1 内村鉴三 (1861—1930)，日本明治至大正时期的基督教思想家和教育家，主张基督教信仰与日本文化的融合。
2 西乡隆盛 (1828—1877)，日本幕末至明治初期的武士和政治家，萨摩藩出身。维新三杰之一。他提倡武士道精神与儒家伦理相结合，重视忠诚和义务。
3 新渡户稻造 (1862—1933)，日本明治至昭和时期的农学家、教育家。主张将日本的传统文化与西方思想结合。
4 此书旨在解释和推广明治天皇颁布的《教育敕语》，将其内容与儒家伦理相结合，强调忠孝、礼义等在现代教育中的重要性。

（1891），又在内村鉴三不敬事件[1]中撰写《教育与宗教的冲突》（1892），扮演了攻击内村的急先锋。因此，他被看作明治政府的御用学者。从《日本朱子学派之哲学》（1906）的一段序文中可以感受到在日本政府取得日俄战争胜利后，他表现出的兴奋与豪情。

> 今日俄战争已然终结，我邦之威光随之大扬于寰宇，欧美学者渐欲究我邦强大之所以。适逢其时，德川氏三百年为我邦教育主义，发扬国民道德，居功甚伟。朱子学派之史学研究，岂可一日忽之哉？

022　　这种研究上的态度与由服部宇之吉[2]、高濑武次郎[3]、宇野哲人[4]等人的研究而逐渐形成的"支那哲学"[5]这一学术体系有着密切的关联。他们试图用欧美哲学，特别是德国观念论的方式去叙述中国思想。而这

1　内村鉴三不敬事件（1891）是指内村鉴三在第一高等中学校担任教师时，拒绝向《教育敕语》鞠躬致敬，引发社会轰动。此事件使内村受到保守派猛烈批评，最终被迫辞职。
2　服部宇之吉（1867—1939），日本明治至昭和时期的教育家和哲学家，专研中国哲学和伦理学。
3　高濑武次郎（1868—1950），积极参与教育改革，推动儒学在现代日本教育体系中的应用。
4　宇野哲人（1875—1974），日本明治至昭和时期的儒学家和教育家，撰写了大量关于儒学和东亚伦理思想的著作。
5　"支那哲学"此处指的是近代日本学者系统化研究中国哲学的学术领域。这个领域不仅研究中国古代的哲学，更涉及如何在日本的语境中理解和解释这些哲学思想。服部宇之吉、高濑武次郎、宇野哲人等人的研究态度和方法对这一体系的形成起到了关键作用。

样的学术目的必然会导致学者们选择性地研究儒家思想中和"哲学"相似的部分。

朱子学和阳明学就是能大量提供这类素材的思想流派。然而，学界忘了这些素材不过是朱子学和阳明学众多侧面中的一面。这种局限在道德哲学的简化理解，后被利用为国体论和皇国思想的支柱。尽管战后在思想和学术方面对此进行了反思，"中国哲学"的研究对象得到了扩展，可是对朱子学和阳明学的理解似乎仍然保留着明治时期以来的某些倾向。

另一方面，在学术象牙塔之外，随着"朱子学是官方意识形态"这一形象的树立，阳明学成为支持在野党政治运动的理念并备受推崇。这一现象的背后潜藏着将大盐中斋和吉田松阴等反体制派、革命派视作阳明学者的观点。国粹主义者、国家社会主义者乃至战后的右翼运动中也对阳明学抱有相当高的评价。三岛由纪夫的《作为革命哲学的阳明学》（1970）就来自这个思想分支。

此外，朱子学和阳明学中也有论述上位者修身之道的帝王学的一面。自然，这也与上述两种理解模式有着内在的联系。这导致了阳明学成为促进统治者陶冶内心的思想遗产，时至今日仍旧吸引着众多政治家和经营者，街头巷尾的书店货架上充斥着关于阳明学的书籍。

中国近代以后对阳明学的理解，实际上很可能是在日本明治时期思潮影响下重新建立的。蒋介石对阳明学的高度评价恐怕就来自日本。

在中国的清代，盛行过将朱子学和阳明学统归为"宋学"进行批判并自称"汉学"的流派——考据学[1]。这股风尚曾令阳明学的系谱一度断绝，近代为了复兴阳明学则需要肯定其为"明治维新的原动力"这一评价。不可否认的是，蒋介石的故乡浙江省是阳明学的根据地，因此地缘因素也起到了一定的作用。所以我们不能把两者归于简单的因果关系之中。需要指出的是，除了上述的政治背景以外，在学术上，中国的中国哲学史研究也是效仿明治末期日本的研究方法而建立起来的。

在朝鲜（韩国），当时还在汉城（当时的京城）做学问的高桥亨[2]提议将朝鲜王朝时期的儒学分为主理派和主气派进行整理。毫无疑问，他这是把"支那哲学"那套也放在了朝鲜的身上。对江户时期日本儒学中朱子学的表现形式产生巨大影响的本就是朝鲜儒学，所以才形成了能够接纳用他这种整理方式来理解朱子学和阳明学的土壤。韩国的中国儒学研究自然也就继承了重视哲学的框架。

1　日文原文作"考証学"，现皆译为"考据学"。——编者
2　高桥亨（1878—1967），日本明治至昭和时期的东洋史学家和宗教学者，专研朝鲜半岛和中国的历史与宗教。他曾多次访问朝鲜，在朝鲜半岛进行实地研究和考察，搜集了大量的历史文献和民间资料。

这种理解方式也并非全是错的。古往今来，过去的思想总会在为当下的思考提供资源的过程中发生质变。既然朱子学和阳明学也是在这样的过程中形成的，那么主张恢复"正统朱子学"和"正统阳明学"的努力，其本身也不过是从当下视角出发的一种诠释。例如山崎暗斋所做的就是如此。

但本书不循旧例，而是将整理朱子学和阳明学的成因和发生质变的过程之重点放在历史的角度上。因此，这会与通过重温和再现特定哲学家或宗教家的思考过程来解释其学术观点的方法有所不同。如果这些在不同历史和社会环境中形成的思想对我们仍有意义，那么它们是如何产生这种意义的？针对这个问题，我们不仅要深入文本，还需要结合思想史背景来研究。通过这种方式，必将开辟出与旧例截然不同的全新视野。

3. 宋学与朱子学

朱子学是兴起于宋代的学派，多被称为"宋学"。虽然在教科书和概论书中将两者视为同义词，但我认为有必要在学术上进行严格区分。《广辞苑》中另辟了一个新条目对此进行解说。

【宋学】

宋代确立的新儒学。北宋的周敦颐、张载、

程颢、程颐等人吸收了阴阳五行等传统观念以及老庄学说、佛教的哲理和世界观，对儒学进行了新的系统化，而南宋的朱熹则是其集大成者。相较于汉唐的经学和训诂学，这一从北宋开始的新儒学体系被称作理学、性理学或道学，也被称为程朱学或朱子学。宋学对近代东亚产生了巨大的影响。

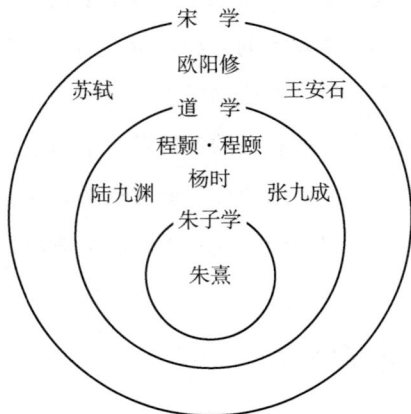

宋　学

欧阳修

苏轼　　　　　　王安石

道　学

程颢·程颐

杨时

陆九渊　　　　　张九成

朱子学

朱熹

宋学·道学·朱子学的关系

　　也就是说，"朱子学"所说的"北宋以来的理气世界观"指的就是这个"宋学"。关于"宋学"和"朱子学"的关系，换句话说，除了朱子学外还有哪些可以称之为"宋学"，学者们对此持有不同的见解，至今尚

未形成定论。我个人认为，"宋学"应该拥有比上述解

释更宽泛的适用范围。它不仅包含"道学",还应泛指包括欧阳修、王安石、苏轼等人在内的整个新学术思潮。

首先，如后文所述，《广辞苑》里介绍的四名北宋学者——有时会加上邵雍成为五位，有时也会再加上司马光变成六位——被视为朱子学的先驱的观点，只是朱熹刻意构建的谱系。然而可以确定的一点是，到了北宋（960—1127）后期，也就是公元 11 世纪中叶，新思潮成为儒家主流，朱子学由此应运而生。因此，我们可以这样去定义朱子学。它作为宋学的一个学派诞生，并最终席卷了整个东亚思想界。

4. 朱子学的胜利之路

这一过程与中国思想史上的重大转折期相重合。朱子学的胜利是以"宋学"诞生为起点的一系列学说争论的最终结果。这一过程可以分为以下四个层次来理解。

（1）儒家与佛家、道家的斗争。其起源可以追溯到魏晋南北朝时期，但在理论上，展开先于宋学的讨论的是唐代的韩愈和李翱。

（2）儒教内部的新流派与旧流派（上文提到的"训诂学"）之间的斗争。这一斗争的原型可以在韩愈的思想中找到，但是将其发展成学界主流的则是欧阳修等人。这个时期大约在公元 11 世纪中叶。本书中我将这些新流派统称为"宋学"。

（3）"宋学"内部的"道学"与其他各个流派之间的斗争。主要的论敌有王安石创立的"新学"和继承苏轼学派的"蜀学"。

（4）道学内部朱子学与其他各流派之间的斗争。朱熹登场之前，道学的代表人物有杨时、张九成和胡宏，和朱熹同时代的则是吕祖谦、张栻、陆九渊和陈亮等人。朱熹通过对这些学说的批判，逐渐确立了道学的主流地位。

传统的朱子学研究对这样的区分并不敏感，反而常常直接将（1）与（4）联系在一起。实际上，杨时、张九成、陆九渊等人都表现出亲近禅宗佛教的态度，而朱熹批判他们的言论则与（1）中韩愈的活动重叠在了一起。

这也难怪，因为朱熹的行为举止看起来就是这样的。他的策略就是将道学内部的夺权斗争与儒家对抗佛教的护法斗争重叠起来。因此，后世的学者（包括现代的研究者）如果只通过朱熹的著述和言论来回顾这一过程，那么上述四个层次就会叠加在一起，难以区分。

对周敦颐的评价就是一个典型的例子。周敦颐作为道学开山鼻祖的地位，已经通过国内外一些卓越的研究成果被明确证明不是历史事实。如此主张并误导

028

后学的正是朱熹。对朱熹来说，将周敦颐定位成孟子的继承者并纳入"道统"，是为了依据周敦颐的《太极图说》——以及朱熹对此的个人解读——来确立他自己独特的宇宙论和人性论，对他理论的正当化来说是一个必不可少的过程。正是凭借这一点，他才在道学内部的权力斗争中获得了取胜的依据。

因此，朱熹的论敌陆九渊最为强烈地反对的自然也是这一点。双方通过书信进行了著名的"无极太极"之争。朱熹一生进行过许多论战，但"无极太极"之争无疑是他最为投入和精彩的战斗。因为对他来说这关乎一个根本性的问题。

讽刺的是，正是朱熹的倾尽全力，使这场论战在确定了朱子学的胜利之后，仍作为可重温的学习资源得以保留。因此，即便在独尊朱子学的时代，人们仍在朱陆之争的延长线上持续争论着对错。王守仁也是在批判朱子学的过程中重新发现了陆九渊的学术价值。因此，后世在追溯阳明学谱系时，往往将其上溯至陆九渊，并将时期处于陆九渊与王阳明之间的、偏向陆九渊的思想家们统称为"陆王心学"。与之相对的概念则是"程朱性理学"。此外，在中国一般使用"宋明理学"这个词来统称以朱子学和阳明学为首的宋、金、元、明时期重视"理"的儒学。

但是，仅靠"性理学"或"心学"是无法理解两者之间的异同的。开篇引用的《广辞苑》简明扼要地概括了朱子学和阳明学在日本的通俗解释，但其中缺失涉及政治的部分也体现了问题的重要性。这篇说明文虽然从哲学和伦理学的角度进行了解释，但却完全舍弃了儒学中有关政治学的一面。正如我一再强调的那样，这是日本对儒学的理解，是不可避免的。也正是这一点，反映出现今我们在讨论朱子学和阳明学时存在的问题。

朱熹常用的标语是"修己治人（修身以治人）"。为治人而修己。王守仁批判他所处时代的朱子学的原因也在这里。本书特意将重点放在此处，力求呈现不同于通俗理解的朱子学和阳明学。

二　士大夫的时代

上一章围绕"什么是朱子学和阳明学"，介绍了当前对这两个学派的普遍理解，并指出了其中存在的问题。本章承袭上文，进一步介绍关于朱子学和阳明学在中国的载体——士大夫的社会状况。

1．士大夫的形成

在中国，朱子学和阳明学的承担者被称作士大夫阶层。所谓"士大夫"，是由"士"和"大夫"组合在一起的合成词。士和大夫都是古代的社会阶层。在儒家理想的上古黄金时期的周王朝，统治者分为五个阶层，由上至下分别是天子（王）、诸侯、卿、大夫和士。之后才是被统治阶层的庶（或者民）。无须赘言，这些都是赋予男性的阶层。女性作为各个阶层的女儿或者妻子被纳入阶级秩序当中。

王将土地和人民赐予诸侯进行统治，而诸侯则将领地赐予自己的臣下——卿、大夫和士——并让他们承担军事职责和行政事务作为回报。这种机制和阶级秩序相关联，被称作封建制。到了近代，通常认为西方史中的封建主义（feudalism）与这个制度高度相似，因此"封建制"成为其译词。由此引申开来，近代社会成立之前不平等的人际关系也被称为"封建"。在现代日语中，"封建的"通常用来指代家中专横的父亲，但"封建"的本义是指将土地分封给臣子的行为。

卿、大夫和士都是诸侯的臣子。天子（王）在治
理整个天下的同时也拥有自己的直辖领地和直隶于天
子的卿、大夫和士。江户时期的人们把自己的社会制
度比作周朝的封建制，实际上也确实如此。用江户时
期的制度来类比会更容易理解（但是，这种类比也会
产生意想不到的误解。不过，这总比将其类比为西欧
的封建主义所引起的误会要小得多）。所有大名都发誓
效忠德川将军家，从而获得领地。这些大名又将领地
分封给自己的臣下，让他们负责藩的军事和行政。将
军也有直属的旗本[1]和御家人[2]为幕府效力。江户时

032 期，大名对将军的主要义务包括军役、应急开支以及
参勤交代[3]。同样，周王向诸侯要求的也是军事义务
和被称作"觐"的朝贡礼仪。就像江户时期的行政体
系是由许多"国"组成的一样，周朝的封建制也是由
众多"邦国"构成的集合体。大夫和士是供职于天子

1　最初，"旗本"是指在战场上位于主将旗下并负责保护主将的武
　　士。随着时间的推移，这个词在江户时代得到了扩展，用来指代
　　那些石高（领地年产量）在一万石以下并直接效忠于德川将军家
　　的武士。旗本在将军出场的仪式上有资格出席，因此地位较高。
　　主要负责保护将军，必要时立即赶赴将军身边，通常居住在江户
　　城附近，并从事各种文职和武职工作。
2　"御家人"是指那些同样效忠于德川将军家的武士，但地位和收
　　入通常低于"旗本"，且没有资格在正式场合中见到将军。御家
　　人负责执行各种行政和军事任务，但通常没有自己的领地，大部
　　分依靠幕府发放的俸禄生活。
3　参勤交代是日本江户时期的一种管理制度，主要用于加强幕府对
　　大名的控制。这一制度要求大名每年在领地和江户之间交替往
　　返，其家族则作为人质常驻江户。

或诸侯的军事和行政官员，且在大多数情况下这种职位是世袭的。

然而，封建制随着秦始皇的大一统帝国的出现而消亡了。现在的研究成果普遍认为并非所有的旧制度都被一扫而空，但至少后世的儒家学者们将秦朝的制度视为与周朝的完全相反的东西。这种制度被称为郡县制。"皇帝"（取代"王"的帝国君主的新称号）不再分封诸侯，而是将全国划分为郡及下属的县，亲自任命并从宫廷派遣这些区划的长官。这些行政长官也不世袭，而是在任期内赴地方任职。当然，协助这些行政长官的官吏们也不再是世袭的封建领主。这种缺少中间阶层——封建领主的"一君万民"[1] 社会结构被推行了。

在汉代，尽管儒家成为国家的指导思想并猛烈地抨击了秦朝的政治，但帝国的统治方式还是基本沿袭了秦朝的模式。最终，这些官僚阶层将自己视为周王朝的（天子直辖的）大夫和士，并开始使用"士大夫"一词。就像近现代的日本学者把这种现象称为贵族制那样，魏晋以后，官僚阶层通过实质上的世袭维持权力和威信。与此同时，"士大夫"这个词也逐渐被用来指代特定的社会阶层。诚然，把高级官吏比作曾经的

---

1 "一君万民"这一概念源自中国古代，但在日本江户时代末期，特别是在吉田松阴等人的维新运动中被重新定义和解读为一种君主直接统治臣民的模式。

卿，获赐诸侯爵位的人也不在少数，但"士大夫"一词逐渐成为涵盖整个官僚阶层在内的政治、社会和文化上的统治阶层的术语。

2. 宋代的士大夫

直到宋代这个状况也没有太大变化。唯一重大的改变就是确立了官僚科举制度。即便是汉代，官吏也并非世袭，而是通过现任官僚推荐优秀人才来进行任用的。这个方式被称作"察举"[1]。由于原则上是根据籍贯地的评价来决定任用，因此又叫"乡举里选"。在中国，"察举"最初是指由皇帝来选拔官吏。魏朝建立的九品官人法原本是一种推荐和任用官员的制度，结果反倒成了贵族制的温床。隋朝开始实行通过书面考试任用官员的制度——科举制，并沿用至唐代。然而由于依然存在厚重的贵族制壁垒，科举合格者如果没有显赫的家世就很难在官场上晋升。韩愈就是这一现实下的牺牲品之一。不过，贵族阶层在唐末五代的动乱中逐渐没落，才终于让皇帝能够无须顾及家世，仅凭考试成绩选拔优秀的人才。宋代的士大夫们强烈地意识到，他们成为官员凭的是真才实学而非家世渊源。

034

---

1 "察举"在日文语境中往往被翻译成"選挙（选举）"，是一个现代词汇。这种翻译大致可以追溯到近代日本学者开始系统地研究和翻译中国历史和制度的时期。

在这一点上，他们有别于唐代以前具有贵族性质的士大夫。

这是一种非常笼统的说法。事实上，在宋代，高官的儿子也还是高官。宋代不仅从制度上保障了族人子弟获得与父辈官位等级相符之职位的特权，而且因为在社会上高官多为地主富户，这些经济基础能为族中子弟提供参加科举所需的教育。除此之外，再加上他们这些士大夫所处的文化环境本身，对族中子弟来说亦是一笔财富。尽管考题事先保密且考生必须匿名答题，但是和考官之间保持着某种关系的考生往往会更加有利。因此，尽管科举考试标榜广开大门的公平性，但背地里却具有代际传承的特点，即让特定家族能够世代相传地培养科举合格者（进士）。

从这个角度来说，其实宋代的"士大夫"们与唐代以前的贵族到无二致。不过，哪怕是高官的儿子，若是不能通过科举考取进士就无法在官场上升迁或被同僚认可。因此，为了证明"自己不是依靠门荫而是凭借实力踏入官场"，大臣的儿子也会报名参加科举——尽管其中存在可以舞弊的漏洞——这和唐代以前的情况大不相同。他们（至少在名义上）是通过个人努力成为"士大夫"的。

如果我们抛开家世去关注个体，那么士大夫与庶民的区别究竟是什么？或者说士大夫们认为这种区别应该存在于何处？最精彩地表达了这一点的莫过于范

035

仲淹的《岳阳楼记》。

　　　　居庙堂之高则忧其民，处江湖之远则忧其君。
　　是进亦忧，退亦忧。然则何时而乐耶？其必曰
　　"先天下之忧而忧，后天下之乐而乐"乎！

　　最后一句"先天下之忧而忧，后天下之乐而乐"
的"先忧后乐"精神正是宋代士大夫们所钟爱并奉为
圭臬的名言。范仲淹和他的政治改革（庆历新政）之
所以被后世奉为典范，就与这一点有着很大的关系。
江户时期的德川光圀[1]给自己的庭院取了个与此相关
的名字，其原因不言而喻。先不论他实际上是一个怎
样的藩主，至少光圀认为应该把这个理念写下来。出
于类似的理由，在中国，南宋晚期的宰相贾似道给自
己在临安的府邸园林取名后乐园。

036　　朱子学正是孕育自这样的精神土壤。前章《广辞
苑》中提到的宋学创始人之一的张载有这么一则轶事。
他去拜访范仲淹，打算结合时事阐述军事战略，却被
劝诫儒者不应谈论军事，应当去读《中庸》。张载于是
转而专心治学。他曾经写过这样一句话。

1　江户时代初期的政治家和学者，德川家康之孙，常陆水户藩第二
　　代藩主。他编纂了《大日本史》，对日本的历史研究和儒学传播
　　产生了深远影响。

为天地立心，为生民立命[1]。为往圣继绝学，
为万世开[2]太平。（《近思录·为学大要篇》）

这种"为万世开太平"的气概是宋代新兴儒学所
共有的精神。

年长张载一岁的司马光和小他一岁的王安石，两
人尽管因为各自的政治立场不同而有过争论，但都堪
称宋代士大夫的代表人物。他们作为才干出众的科举
官僚崭露头角，并为如何完成后范仲淹时代所肩负的
王朝重建任务而苦恼。保守派的司马光认为，国家兴
衰取决于是否能任用优秀人才为官，也就是说，取决
于君主的识人能力。他推崇儒家自古以来的人治，苦
心于静态的国家秩序稳定。复古革新派的王安石则批
判旧统治体系的弊端，主张根据经济形势的本质上的
改变来建立动态的财政国家，认为只有这样才能重现
周朝黄金时代。尽管表面上看两人的政策水火不容，
但他们都一致认为，在政治、社会、经济和文化等各
个方面，科举官僚阶层——士大夫应当主动成为核心，
维护天下的秩序。王安石的改革之所以延续下来，原
因在于他主张把阐释儒家经典作为考试的核心。

基于唯物史观的史学研究认为，士大夫是地主和

---

1 此处的"命"日文原文作"道"。
2 此处的"开"日文原文作"带来"。

大商人阶级的群体，其存在就是为了追求所在阶级的利益。司马光等人的保守派与王安石等人的变法派之间的对立，也常常被解释为大地主阶级和中小地主阶级之间的身份差异。也有研究认为，朱子学是继承了保守派地主阶级立场的一种意识形态，它取代了此前的佛教思想，成为指导中国社会的（具有中国中世纪独特意义的）"封建思维"。但是，他们在为官的时候，也常常会主导一些不利于地主等特权阶级的政策。所以，我们不能简单地将他们的思想和行为与地主、大商人阶级联系起来理解。

就像"读书人"几乎被当作"士大夫"的同义词来使用一样，士大夫的本意是指"学习书本的人们"。正是这种知识精英的特性，塑造了宋代之后的科举官僚及其预备军的存在方式。他们作为官僚既是政治的指导者（如果用明代以后的词语来说的话），也是作为"乡绅"成为居住地区的社会指导者（local elite）。这种情况的根源，与其说是来自经济上的阶级出身，不如说是基于文化上的威信。诚然，想要成为文化资本的持有者就必须要有经济上的支持，在这方面地主和大商人起到了重要的积极作用。然而，我们也不能忽视，许多有影响力的士大夫正是来自并不富裕的家庭。

3. 文学和士大夫

让我们以"文学"为例来说明士大夫在文化方面的主导地位。之所以给文学加上引号，是因为这个概念的内容同近现代的文学有些许不同。众所周知，近现代的文学概念是从 18 至 19 世纪形成的西方文学（literature）翻译过来的。因此，完全等同的观念不可能出现在宋代的中国。尽管如此，我们却往往会因为翻译概念时的套用曲解了事实的真相。在宋朝（明清亦是如此），"文学"是一种广义上的政治性活动。最典型的例子便是古文运动。

韩愈倡导的古文运动不仅仅是文体的改良运动，更试图通过强烈反对以往视四六骈俪文为美的感性，来颠覆以此为基础的政治社会秩序。

四六骈俪文是指一种用四字句或六字句构成对仗句，并不断叠加的表现形式，这种文体可以营造出绚烂华丽的美感。所选用的字句几乎全都引经据典，并且这些字句在典籍中的用法脉络也被融合进了新创作的作品中。简言之，这是一个重复循环的宇宙，在这里不存在变化的历史观念。换句话说，现有秩序正是理想秩序的体现，因此也不需要改革。这种完全遵循旧例形成的文体对应着用世袭维持现状的贵族社会。

韩愈试图打破的正是这种旧制，即旧制度[1]（ancien régime）。然而在他的时代，古文未能成为正统。文体的范式直到五代都还是骈文。

不过，到了宋代，推崇古文的氛围明显活跃了起来。特别是范仲淹的盟友欧阳修的出现让古文最终成功夺得了正统。在他参与编纂的《新唐书》里，唐代史料就被从骈文改成古文并记录了下来。因此，尽管近代以来的原典史料主义实证史学对此评价不高，但从欧阳修刻意这样去记录前朝历史的态度和他编纂史料的工作中，可以看出他不仅将其视为文体问题，更视为影响整个文明形态的问题去处理的。

古文的精神自然就是复古。复古的意义在于批判当下和与当下相邻的过去，并追寻昔日的黄金时代。也就是说古文具有改革视角。韩愈和欧阳修所推崇的散文典范《孟子》本来就是一本表达复古主义思想家孟子之改革意志的书。此时，重要的不再是形式美，而是内容。欧阳修在文体上的成果被苏轼一门和王安石继承。他们连同韩愈一起被并称为唐宋八大家。虽说这是后人给的称号，但也是实至名归。

提到苏轼，人们通常会关注于文学领域对他的研究。但在当时，他既是抨击王安石派系的官僚，也是构建了不同于司马光、王安石以及道学之学派的儒士。

1　作者特意在这里使用了一个法语词汇，ancien régime 通常用来指代法国大革命以前的旧体制或旧秩序。

此外，他还是一位在绘画和书法上也展现出非凡才能的艺术家。概而言之就是"士大夫"。王安石亦是如此。两人在文学和艺术方面表现出来的风格差异，反映了他们在政治思想即儒士立场上的不同。

必须指出的是，不同于王安石和苏轼，道学始终对"文学"抱有一种警诫的态度。这种态度来自创始人程颐的学风和与王安石、苏轼之间的摩擦。道学的严肃性正是来自 11 世纪后半叶的这种情境下对自身的认知。道学既承载了士大夫文化的一部分，又诞生在了和传统士大夫文化保持一定距离的境遇下。

4. 修己治人

这里的关键词就是朱熹所强调的"修己治人"。朱子学确立之后，一句"修己治人"成为士大夫们生活方式的指南针。哪怕是那些只考虑自身荣华富贵的人，也忌惮于公开否定这句标语。在这个意义上来讲，这句话确实已经起到圭臬的作用。

这句话出自《论语》中的"修己安人"，可见是儒家思想传承至今的理念。不过，在朱熹的学说中它还具有特殊的位置。首先要将自己培养成一个拥有圣人一般高尚人格的人，然后再作为施政者立于民众之上。此时，朱熹继承了程氏兄弟（下文依惯例称"二程"）的思想，重视"敬"这种修身养性的方法。

所谓敬者，"主一"之谓敬。所谓一者，无适
之谓一。且欲涵泳主一之义，不一则二三矣。至
于不敢欺，不敢慢，尚"不愧于屋漏"，皆是敬之
事也。（《河南程氏遗书》卷一五及《近思录·存
养篇》）

"主一"就是"以一为主"，将精神集中在一件事
上且不被旁的所左右。程颐说的"敬"的核心在于用
修身养性的方法排除一切杂事杂念。他在这里引用的
是《诗经·大雅·抑》里的句子，这些句子同时也出
现在《中庸》。它们被解释为关于自律的教诲。《中庸》
沿袭了这一解释，继而写道"故君子不动而敬，不言
而信"。这也就不难理解为什么这种修身养性的方法会
和苏轼个人的精神特质水火不容。

朱子学的修身养性论在不断演变中传至后世。下
一章《朱子与王阳明的生涯》中，我会阐述为了批判
这种修身养性论而诞生的阳明学。不过我仍要强调，
"先忧后乐"和"修己治人"始终贯穿于士大夫们的理
想之中。

相较于作为官学的朱子学，阳明学常被描述成学
者大多出身平民，本质上更亲近民众的学派。但这其
实与事实不符。王守仁门下的平民学者王艮就曾坦言，
年轻时曾经梦见自己肩负起天下重任，醒来后大汗淋

漓。这表明无论出身如何，他的意识与范仲淹和张载是完全相同的。在王艮系的泰州学派指导者中，进士的人数比其他学派更多。如其所述，他们的职责就是担负天下重任。明末出现了因忧心时政而与当局对立的东林党，打破了朱子学和阳明学的分界，吸引了众多人士。成为他们核心理念的正是"先忧后乐"和"为万世开太平"的精神。

三　朱子和王阳明的生涯

在前一章《士大夫的时代》中，我解说了作为朱子学和阳明学载体的士大夫阶层。本章承接前文，介绍朱熹和王守仁的生涯，并考察其思想演变的过程。

1. 朱熹的生涯（1130—1200）

朱熹生于南宋建国后的第四年——建炎四年（1130）。建国听着好听，实际上却是"大宋国"因为靖康之变这场战乱丧失了北方领土，一位皇子迅速登基，勉强保住国家命脉的时期。在杭州尚未成为稳定的临时居所（"临安府"即临时首都之意）之前，皇帝带领着军队，确切地说是被军队拖着徘徊于东南沿海。现在的我们知道宋金对峙持续了百年，但当时的人们甚至连几个月后的局势都看不透。

朱熹的父亲朱松当时居住在福建山区的尤溪县。他养育了三个孩子，但只有朱熹一人成年了。

朱松依据五行思想给这个孩子起名熹。因为松是木字旁，熹则是"灬"[1]（属火），在五行相生中木生火。朱熹给自己的儿子们分别起名塾、埜和在，都带有土字，因为五行中火生土。孙辈是锯一类的金字旁，曾孙则取三点水（水）的渊等字，这些都遵循了五行相生的顺序（木→火→土→金→水）。朱熹年少时，恣

045

---

[1] "灬"，火的变体字，用于部首，是火字旁的偏旁字形之一。

意专权的宰相秦桧给儿子和孙子起名时也都分别带上了火字旁和土字旁。韩国至今仍留有这种起名的习惯。

朱熹

朱松在朱熹 14 岁时就离开了人世。朱松离世的前一年，在秦桧的主导下，南宋与金国缔结了和平条约，政权基础得以稳定。朱熹被托孤给父亲的友人们，移居福建北部的建州。他奋发学习，年仅 19 岁便通过了科举考试，一举夺得进士。建州在宋代是一片进士辈出的土地。然而，朱熹这一生最大的遗憾便是科举考试的排名不尽如人意，他也因此被迫走上了一条被排除在官僚社会精英路线之外的人生道路。五年后，朱熹终于获得了泉州同安县地方官的职位。在赴任途中，他遇到了父亲的同门李侗。这次相遇给他的人生带来了巨大的转机。

046

三年的任期结束后，没有获得新职务的朱熹回到了建州，专心钻研儒学。此时，同辈的吕祖谦和张栻这两位高官显贵的儿子，继承了二程之后的道学传统，逐渐崭露头角。结识了他们的朱熹，也从福建北部山区的乡野学者一跃成为举国闻名的名士。

据传记资料记载，虽然朱熹在青年时深受禅宗的影响，但与李侗的相遇激发了他对正统儒学的兴趣。

譬如，朱熹的爱徒兼女婿黄榦在《行状》中就记录了"数百里道途，徒步而往，未曾稍懈"的情景。李侗教给朱熹的是静时修身养性的重要性和理一分殊的意义。李侗认为，程颐提出的理一分殊中，分殊有着佛教所没有的深刻内涵。李侗和朱松都曾师从罗从彦，而罗从彦正是二程的高徒杨时门下的弟子。从这个角度来说，朱熹也算是继承了二程的学术传统。

在那之后，朱熹又通过张栻，接触到了其师胡宏的学术风格并一度受其影响。但他最终转为批判胡宏的学说，并在 40 岁确立了自己的学术理论和观点。也有学者认为，朱熹的各种学说在那之后也有部分的变动，所以不能说他确立了自己的学术理论。不过可以肯定的是，朱熹的学说在这时已经大致成形。从此以后，朱熹如开了闸的洪水一般开始大量创作和出版著作。

朱熹的学术风格有很多特色，不过从长远的历史进程来看，他最显著的特点便是巧妙地利用了印刷出版技术。可以说，朱熹是世界上第一个有意识地将出版作为武器的思想家。毕竟，这可比马丁·路德及其阵营通过各种小册子抨击天主教早了整整 350 年。福建北部聚集了不少制作廉价印刷物的作坊。这种环境对朱熹本人的学习也起到了积极的作用。同时，朱子学能够在全国广泛传播，得益于朱熹成功掌握了这个全新的媒介。朱熹不仅用印刷物宣传了自己的学说，还通过编纂和出版二程语录等方式，将对自己有利的二程形象传播给世人，使人们相信他继承了二程的衣钵。在这一点上，那些出版物发挥了巨大的作用。王安石试图依靠朝廷的权力来推行自己的主张。与之形成鲜明对比的是，朱熹凭借对舆论的控制，奠定了在与论敌旷日持久的争论中获胜的基础。

　　朱熹一生从事三十多类书籍的编辑出版工作。其主要著作包括注解《大学》《中庸》《论语》《孟子》的《四书章句集注》（注也写作註）。《大学》和《中庸》最初只是《礼记》中的篇目，从朱熹开始才将它们独立出来并汇编成四书。在编写这部注释书的前期工作中，朱熹收集前人的注解，编纂了《中庸辑略》《论语精义》和《孟子精义》。另外，还有用来补充《四书》注解的常见问题解答的《四书或问》。《孟子要略》则是按内容分类的摘要版。除了四书，朱熹在五经方面还有《周易本义》和《诗集传》，以及未完成的《仪礼经传通解》。朱熹还校订了《孝经》的文本，名为《孝经刊误》。此外，在日本也广泛流传的《近思录》和《小学》是面向初学者的教科书。《伊洛渊源录》记录了朱子学起源和发展的历史。还有记录宋代名官的《名臣言行录》、韩愈全集注释《韩文考异》、同《诗经》齐名的古代诗集注解《楚辞集注》、易学入门书《易学启蒙》、二程语录《河南程氏遗书》《河南程氏外书》以及其弟子谢良佐的语录《谢上蔡语录》。朱熹还注释了周敦颐的《太极图说》《通书》和张载的《西铭》。他还逐条整理了司马光的《资治通鉴》，对历史事件进行评述，并最后整理成《通鉴纲目》。另有一些著作，如记录婚丧嫁娶仪式的书籍《家礼》，则被认为是伪作。诸如此类，不胜枚举。此外，现今我们当作朱熹全集来使用的《晦庵先生朱文公文集》和语录《朱子语类》都是在他离世后编纂的。

朱熹与之争论的对手中，陆九渊最为著名。吕祖谦曾在鹅湖安排两人会谈。当时，陆九渊的哥哥陆九龄才是与朱熹争论的主要人物。在他去世后，陆九渊继承了哥哥的立场，通过几封书信同朱熹展开了争论。主要议题有两个：一是修身养性的重点应该放在何处，二是周敦颐的《太极图说》。

朱熹同另一位学者陈亮的争论也很重要。两人争论焦点在于对历史的认识，其核心是儒家该如何评价夏、殷、周三代之后从汉到唐的时期。陈亮认为这一时期也有值得称道的地方，朱熹则把这一时期看作黑暗的时代。这与他认为从孟子辞世后到周敦颐出现之前正统思想出现中断的看法是相辅相成的。朱熹主张，没有正确的学说，就不会有正确的政治，也就无法实现一个良好的社会。政治与道德的统一是朱子学的核心思想之一。

朱熹并没有在官场上出人头地。中年以后，即使被任命为地方官，他也常常拒绝接受，而是选择成为

049

道观名义上的监督者，担任祠禄官这一虚职。他实际的在任时间一共不到十年。他曾被中央政府召回，担任皇帝的学术顾问，但不过数十日便被更迭。当政府内部的支持者因政变失势时，他的学术也被视作伪学而遭到压制，晚年的活动也因此受到限制。

朱熹辞世十年后，他的名誉得到恢复，并最终被认定为继承孔子以来之正统的学者，朱子学为官学的体制得以建立。讽刺的是，他本人虽未能在科举制度中获得成功，但这一制度逐渐演变成只接纳那些通晓他编写的注释书和他讲解的学说的人。

050 ## 2. 王守仁的生涯（1472—1528[1]）

朱熹辞世 270 年后，也就是明朝建国一百年后，王阳明诞生了。他的父亲王华取得了科举考试中的最高荣誉——殿试第一名（被称为状元）。王阳明本名守仁，就是"守护仁"的意思，"阳明"是他的号。朱子的本名"熹"是"微光"的意思，而"晦庵"则是"昏暗的茅屋"。考虑到这一点的话，王阳明的号和朱子大相径庭，仿佛是暗示着两人的性格，着实有趣。晦庵的信中充满了批评朋友、论敌和门人"你的想法是错误的"的内容，而阳明的信中更多的是认可和鼓

1　通常认为王阳明卒于嘉靖七年十一月（1529 年 1 月）。——编者

励。晦庵热衷于在书房里写作，而阳明则喜好谈论。这两人在性格上南辕北辙。朱子学和阳明学的差异源自这里，这大概也影响了后世学者是加入朱子学阵营还是成为阳明学者。

关于王守仁对朱子学产生疑问的契机，有一则广为人知的逸事。据说王守仁年轻时曾试图穷尽庭院里竹子的理，结果导致了神经衰弱。这个故事是他自己讲述的，所以大概是真实的。不过，如果让朱熹知道了，可能会回应说："我并没有叫你这样去做。"这也显示了两人在学术风格上的不同。朱熹重视通过阅读循序渐进地积累知识，王守仁则强调直接掌握真理。

王守仁

当然，王守仁也通读了包括经书在内的各种典籍，但他不像朱熹那样致力于将其体系化。一部分原因可能是因为他作为科举出身的官员成功后，当上了政府的高官，时间上不够充裕。朱熹辞世后，注释叠加注释的风气逐渐盛行，这种方法有时并不能有效地掌握原书的全貌。无论如何，王守仁没有注解经书这一事实，决定了阳明学未来的发展方向。

据王守仁的高徒钱德洪总结，王守仁的学术和学说分别经历了三次变化。最初，他沉溺于辞章学，接着转向佛教和道教，后来又立志于圣人之学，这就是"学三变"。在教学上，他首先提倡知行合一，其次强调静坐的重要性，最后以致良知为核心，这被称为"教三变"。不过，下文关于"教三变"的说明则更为精准。

　　王守仁彻底与朱子学诀别（据说）是在他 37 岁被贬到贵州山区的时候。在那里，他觉察到理存在于自我的内心，所以不必向外寻求（"圣人之道，吾性自足，向之求理于事物者误也"）。这个思想史上的事件取当地的地名，称之为龙场顿悟。后来，他调至江西担任地方官，提及该地出生的陆九渊的学问的机会也增多了。特别是因为他称赞陆九渊的心即理，并认为圣人的学问就是心学（"圣人之学，心学也"）。后世据此将阳明学的起源追溯至陆九渊，称为陆王心学。他在这一时期还强调了知行合一。此外，他提出了致良知的学说，认为《大学》中格物致知的知就是孟子所说的良知，扩充良知是修身养性的关键。按照王守仁的观点，宇宙中所有存在都是一体的，使其以本来的状态存在并发挥其作用就是儒家的最终目标。只有通过致良知才能正确实践二程以来道学所强调的万物一体之仁。

　　在王守仁的科举官僚生涯中，从贵州回来后的仕途可谓一帆风顺。在江西为官时，他整顿治安，还成功武力平定了宗室宁王的叛乱。这些都显著提升了他的声望，甚至在 50 岁时被加封为伯爵。57 岁时平定农民叛乱，在凯旋途中因病与世长辞，就连他的离世都如此充满了荣耀。虽然他的学说因为不同于传统的朱子学而受到批评，但在他生前却从未被指责反对当时的体制。

王守仁在弱冠之年结交了一位名叫湛若水的学者，这份友谊维系了一生。两人虽然经常争论，但都致力于创立有别于朱子学的学术风格。王阳明通过讲学的形式，同访客一起讨论学术话题，传播他的学说。他的门生遍布江南一带。语录《传习录》在王阳明生前已经出版发行了一部分内容，在他辞世后才形成了现在的版本。文集《王文成公文集》是在他离世后编纂的。据说王守仁在龙场顿悟后曾经写过一本《五经臆说》，但现已失传。此外，他没有留下其他完整的著作。不过，他编纂了《朱子晚年定论》一书，并在里面提出了以下观点。

世间所谓的朱子学，大多基于朱熹中年时期的学说，他与陆九渊的争论也源自这个中年未定之说。然而，朱熹在晚年意识到了这些错误，并修正了自己的学说。这才是他最终的学术成就，是穷尽后的真理。王守仁为了证明这一点，从朱熹的文集和语录中摘录出一些不同于通俗理解的朱子学的内容，并加以列举。在末尾，他还提到了真德秀、许衡和吴澄等几位调和朱陆学派的著名学者。

同时代的罗钦顺和16世纪中叶的陈建通过实证研

究否定了这种看法。他们论证了王守仁所列举的事例绝非朱熹晚年的学说。然而，王守仁自始至终都把自己定位为朱熹的正统继承人，这一点无疑对于理解阳明学的性质具有重要意义。

我们往往将阳明学视为和朱子学水火不容的学说，但从历史事实来看，阳明学实际上是朱子学发展形态的一种。没有朱子学，阳明学就不会出现。从根本上说，阳明学的关注点是为了纠正当时盛行的朱子学主流派的弊端，只是在朱子学构建的框架内提出了不同的意见。如上所述，两者表面的不同很大程度上是源于朱熹和王守仁个性的差异，这才导致了两人在侧重点上有所区别。但是，他们的思考根基是一样的。因此，清代把两者统称为"宋学"并加以批判的做法也是有一定根据的。

但是，为何两者必然会产生分歧呢？我们还需要通过进一步的考察来明确这一点。自古以来，不同立场的学者探讨了两人的不同之处，提出了各种各样的见解。我会在第六章和那之后的内容里详细介绍这些观点。在此之前，我想先谈谈自己的看法。

3. 两人的环境差异

朱熹和王守仁出身环境的不同导致了他们之间的分歧。如上一章所述，他们所处的时代通过科举制度构建了文化秩序。他们都是进士出身，毋庸置疑都是士大夫阶层的人。然而，他们两人在这一点上也形成了鲜明的对比。

朱熹父亲的仕途止步在了下级地方官。朱熹早早地失去了父亲，只能在父亲朋友们的资助下继续求学。父亲的家族也在江西婺源（今安徽省）[1]，但朱熹和他们并没有太多密切的交流。他没有兄弟姐妹，几乎可以说是孤苦伶仃。他在福建的山里潜心研读，19岁时考中科举，彰显了才华，但不幸的是由于排名较低，未能跻身精英之列。接受了这一现实后，他选择不去追求立身入世，而是思考应当如何实现自己身为士大夫的使命。如上一章所述，他的结论便是"修己治人"。引导他产生这种想法的是二程开创的道学流派。朱熹因为父亲的缘故，处在一个能够接触到大量道学资料和书籍的环境中。然而道学并非当时思想界的主流，朱熹也不像吕祖谦和张栻那样出身显赫。朱熹生前以旁支的身份著书。他那种分析细致且好争论的态度就来自对主流派的对抗意识。

另一方面，（先不论事实如何）王守仁自称出身于自六朝绵延至今的琅琊王氏，这个因出了书圣王羲之而声名显赫的家族。他的故乡余姚在绍兴和宁波之间，是浙东的文化中心地带。再加上父亲是状元，是精英

---

1 应为徽州府婺源县（今江西省婺源县）。——编者

中的精英，父亲的交友圈自然也代表了士大夫文化的最高水平。少年守仁在父亲任职的国都北京度过了弱冠之年。生长在政治和文化中心的王守仁从小便占据了有利的地位。当时的主流思想是朱子学，他也曾一度认真尝试用教条主义的方式掌握这一学说，结果却遭遇挫折。在此之后，他自然而然地受到时下各种潮流的影响，就这么度过了自己的青年时代。他也年纪轻轻便考取了进士（28岁），但与朱熹不同的是他名次较高，加上父亲是高官，这些因素让他走上了精英之路。

也正因为如此，被贬至贵州对他的精神打击很大。在这里，王守仁体验到了一个完全不同于之前的世界。这种不同的文化体验，反而让他确信人类的普遍性。他不喜与人争论，也不会正面驳斥对方的主张。总之，他摆出的和睦态度，再加上高贵的出身，为他赢得了人心。在流传下来的轶事里，王守仁善于交际又会说话，所以他的讲席不仅吸引士大夫，连平民百姓都来了，场地常常容纳不下这么多人。他讲的内容也不是什么严谨的分析，而是通俗易懂的生活哲理。如此说来，阳明学逐渐发展成不同于朱子学的学术体系也是理所当然的。

近代的评价大多视朱子学为官学，阳明学则是来自民间的批判思想。诚然，明末确实存在这种倾向，但从两位创始人的事迹来看，情况却恰恰相反。朱熹是一个试图努力成为主流学派的旁支末流，而王守仁虽然是一个天生的文化贵族，却有意破坏他自身所代表的主流思想文化。说得极端一点，起初，朱子学是追名逐利的虚荣，而阳明学则是浪荡纨绔的消遣。

因此，有必要重新思考强调阳明学大众立场的论点。正如下一章所述，阳明学确实也存在朝这个方向发展的一面。把阳明学看作一个通往近代（应当但未能接轨）的未完成的故事，并把这个定义成阳明学正统的观点，如今反倒成了主流。然而，这实际上歪曲了阳明学的本意，甚至成为阻碍正确理解阳明学的主要因素。我们需要再次从王守仁及其门人的学说中重新建构何为阳明学的问题。关于朱子学也是如此。这并不是为了形成"正确的朱子学""正确的阳明学"的定式，而是为了在现代语境中更好地发挥朱子学和阳明学的作用。

四

在中国的展开

前一章《朱子和王阳明的生涯》中介绍了朱熹和王阳明的生平事迹，并解说了他们抱有的问题意识。本章将在此基础上，叙述其思想体系在他们离世后是如何被继承和发展的。

1. 朱熹的弟子们

如前章所述，朱熹在政治压迫的漩涡中与世长辞。他的葬礼虽然在政府的监视下举行，但仍有门人聚集，悼念这位伟大的老师。主持此事的是朱熹的女婿黄榦，朱熹生前对他十分器重，是公认最优秀的弟子。

黄榦原是福州人，但他长年在朱熹身边，晚年更是作为助手协助编纂书籍。朱熹甚至在临终前把未完成的《仪礼经传通解》托付给他。他是朱熹当之无愧的嫡传弟子。

和黄榦一起担任朱熹晚年助手的还有蔡元定的儿子蔡沈。蔡元定与朱熹年龄相仿，被当作朋友而非弟子。他精通天文、数学和风水，晚年因伪学之禁被流放到湖南。蔡沈也因此放弃了参加科举考试成为官员的正道，终其一生致力于传播和发展师父和父亲的学问。朱熹将注释《尚书》（《书经》）的任务托付给蔡沈，他的《书集传》后来成为朱子学的代表性注释，后来还被定为科举的官方教材。蔡沈和他的家族全力推广朱子学，形成了不同于黄榦等人的学派。

```
            朱熹
      ┌──────┼──────┐
   黄榦   蔡沈    陈淳
          真德秀
           吴澄
   吴与弼          丘濬
                  黄佐
```

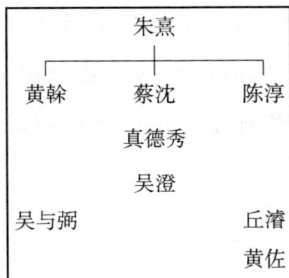

朱子学系谱图

　　除了黄榦和蔡沈，还有几位回到故乡传播师父教诲的弟子，其中以福建南部漳州的陈淳最为重要。他在朱熹担任漳州知事时拜入门下，几个月后朱熹归乡，陈淳通过书信往来聆听教诲。在朱熹离世前不久，陈淳也曾亲赴建州数月，同朱熹面对面交流，询问了许多日常积累的疑问，并详细记录了下来。他在会试中多次落第，年近六十才终于获得地方官职。

060　　但是，他并未赴任，而是在晚年积极参与维护乡里的公序良俗和安宁秩序。辞世后，他的学说被整理成《性理字义》（又称《北溪字义》）出版。

　　他们这些嫡传弟子——以下称朱熹为第一代，称他们为第二代——记录了朱熹口述教授的学说。不过，这些都是各自在不同情境下的记录，为了让所有人都了解这些学说，就必须对其进行汇总。其中虽然也受到了禅宗佛教的影响，不过这些教义的汇总编纂工作在整理二程学说时就已经开始了。现如今我们参照的二程的语录[1]，正是朱熹编纂的。而朱熹自己的语录，大约在他辞世十年后出现了几种不同的版本。黄榦和

1　即《二程遗书》。——编者

陈淳都是提供笔记的主要人物，我们通常叫他们记录者。

现如今，以《朱子语类》之名流传下来的语录是经过一系列的整理后由黎靖德汇编完成的。全书共140卷，总字数是孔子语录《论语》的几十倍，这在中国历史上可谓空前绝后。严格来说，语类和语录不是一个类别。语录只是记录者笔记的汇总，而语类则是按照话题的内容分门别类，其特点就在于将朱熹关于某一话题的言论集中起来。语类的开篇就是陈淳对朱熹的提问。讨论的主题是太极和理。

太极不是未有天地之先有个浑成之物，是天 061
地万物之理总名否？

昨谓未有天地之先，毕竟是先有理，如何？

《朱子语类》全卷就是从朱熹回答这些问题开始的。一说到朱子学就会想到理气论的定式思维便是从这里开始的。

然而，在陈淳根据自己的笔记整理汇编的《性理字义》中，概念的解释顺序是不一样的。书的开头全是命、性、心、情这样的术语，理和太极则在全书的中后部分才出现。《太极》一章中有这样的解说。

太极只是总天地万物之理而言，不可离了天

地万物之外而别为之论。才说脱离天地万物而有个理，便成两截去了。

　　毕竟未有天地万物之先，必是先有此理。……

062　　毫无疑问，这些学说是陈淳在向朱熹请教上述问题并获得答案后，再传授给弟子们的。陈淳讲述的这些见解，正是他从师父朱熹那里学来的。朱熹的学说便如此这般地传授给了他的徒孙们——以下称为第三代。

2. 师说的继承与发展

　　朱熹把他的学说当作自己思想的阐述。当然，他的目的并不是宣扬自己的独创思想，而是希望以正确的方式重新向世人传授孔子的学说。然而，这些内容不仅如同清朝考据学者所批判的那样，偏离了孔子的原始儒家思想——假设这种思想存在，还挑起了同一时期与他同属道学派的陆九渊之间的争论。尽管他认为自己的学说与孔孟、二程等人的思想一致，但他的学说并不是简单重复前人的言辞，而是在用他自己的语言来表达他自己的思考成果。

　　然而，第二代却以重复师说为己任。陈淳向弟子讲述的内容并非是他独立思考的成果，而是他从伟大的老师那里学到的内容。从此之后，如何继承和传授祖师朱熹的学说便成了他们的课题。

第三代和第二代的决定性差异在于是否有祖师亲传的经验。第二代能够对自己的门人说出类似佛典中的"如是我闻"。而第三代只能间接地了解祖师的学问。这时就需要作为中间环节的媒介。对他们而言，那些第二代的老师就是一种活生生的媒介。不过，第二代终将要面对生物学上的死亡。《性理字义》是在第二代去世后，由第三代整理并出版了祖师通过这些鲜活媒介所传承的学说。祖师的学说通过这种方式以文本的形式被固定下来，再以书籍为载体流传于世。

最早注意并且尝试利用书籍作为传播思想媒介（media）的就是朱熹本人。从这一点上来说，第三代忠实地继承了朱熹的教诲。然而另一方面，朱熹所担心的情况——沉迷大量无关紧要的书籍导致忽略了对经典的深入钻研——也随之出现。尽管如此，第三代依然积极开展收集祖师学说的工作。其中，真德秀的功绩尤为突出。

真德秀走的是科举官僚的精英路线。有时甚至因为与权臣对立而被贬职，但最终成功坐上了参知政事（副宰相）的位子。他不仅在朝堂上极力弘扬朱子学，还作为地方官和当地的名士一起，积极传播朱子学的学说。他甚至参与了书籍的编辑和出版。在他的文集里可以看到很多为相关书籍撰写的序言，他本人也编写了几本书籍。被后世视为帝王学教科书的《大学衍义》就是站在朱子学立场阐述的君主论。另外还有《读书记》这种庞大的术语解说集。他与陈淳合作，为《近思录》的普及做出了贡献。

> 先生尝语学者曰，四子，六经之阶梯；《近思录》，四子之阶梯。以言为学者当自此而入也。

这是陈淳记录的朱熹的话。《近思录》能够成为朱子学的入门书，很大程度上归功于他们的出版策略。

然而，之前提到的黄榦却对《近思录》的价值有所怀疑，他批评了陈淳和真德秀的做法。这不仅是他个人的判断，（按照他的说法）也是朱熹的意思。在《朱子语类》中，除了陈淳的记录，还收录了其他弟子记录下的朱熹对《近思录》的自我批判。

这是怎么回事呢？是哪一方传达了错误的教诲吗？还是朱熹自己对其他弟子说了自相矛盾的话？

恐怕有这两方面的原因。如果相信第二代是诚实的，那么他们并不是故意歪曲老师的教诲，他们所记录下来的主张也确实是朱熹的言论。不论如何，他们的耳朵是这样听到的，头脑也是这样去理解的。然而，这并不是老师学问的全貌。朱熹在不同的场合对不同的弟子用不同的语气讲述。如果不考虑当时的语境和朱熹本人当时的心情，只根据留下的笔记罗列朱熹的发言，就会出现看似前后矛盾的说法。

这不仅限于评价《近思录》，在其他学说中也时常能看到这种倾向。当然，其中有些分歧确实是因为朱熹本人改变了自己的学说。然而，更重要的是他的学说在不断再生产的过程中，传承者即第二代的理解差异被放大，导致了尽管他们都声称信奉朱熹的学说，但实际上却各自向着不同的方向发展。这不仅仅是出现在朱子学的特殊现象，而是普遍存在于古今中外所有思想中的。不过需要特别指出的是，这种演变正是阳明学诞生的契机。

真德秀等第三代的努力结出了硕果。淳祐元年（1241），朱熹与周敦颐、程颢、程颐、张载取代了曾经的王安石，被选为供奉在孔庙中的大儒。这意味着朝廷认可了朱熹的道统论。因此，这一改制被认为是道学获得了公认或者朱子学的官学地位的确立。

通过朝廷赋予的权威性，朱子学加快了普及的速度。就像第一章讲述的那样，最初，朱熹的学说经历了多次思想交锋的过程，最终才获得了主流派的绝对地位。然而，这也付出了巨大的代价。朱熹的学说被赋予至高无上的权威以后，人们开始墨守成规。元、明两代将朱子学设为官学并加以利用，让朱子学这个原本因对各种旧有思想流派提出异议而具有革新意义的学说，反倒成了维护体制和追随权力的工具。朱熹生前曾遭受当局的镇压，如今，朱子学反过来成为思想统治的手段。在这一方面，也再现了自古以来在各地反复上演的剧情。

3. 阳明学的分裂

一般认为阳明学是作为批判朱子学的势力登上历史舞台的。但是，正如前章所述，起初，王守仁尝试通过修身养性成为一名笃实的朱子学者。但是，由于方法上的问题，他遭受重挫，经过一番曲折，最终在政治逆境中找到了有别于朱熹的道路。这里涉及一个视角的转换，不过关于两者差异的具体情况我会放到第六章《性即理和心即理》及后续章节中讨论，此处略过不表。总之，阳明学在朱子学的基础上诞生，但在学术认知的方式上与朱子学有所不同。

067　　同朱子学一样，阳明学在祖师离世后也开始出现内部意见的分歧。其中最著名的就是天泉桥问答。王守仁晚年在出征讨伐农民叛军的途中，遇到了钱德洪和王畿两位弟子，两人就"四句教"向他提问。钱德洪奉行的"四句教"如下。

无善无恶心之体，
有善有恶意之动。
知善知恶是良知，
为善去恶是格物。

心、意、知、物均出自《大学》八条目。关于这个内容将放在第七章《格物和亲民》中详细阐述。对于钱德洪的三张，王畿提出四句说的都是无善无恶，并请老师裁定。王守仁的回答是，王畿的说法适合天赋异禀之人，钱德洪的说法适合普通人。因此，两派都主张自己的学说获得了老师的认可。根据近代中国学者的命名，像钱德洪这样的立场通常被称为王学右派，而像王畿这样的立场则被叫作王学左派（这里的"王学"指的是王守仁的学说，即阳明学）。另外，根据对良知理解的不同还可以分为归寂派、修证派和现成派。王艮的泰州学派与王畿一起成为左派（即良知现成派）核心。

王学左右两派的对立点源自上文提到的四句教中对无善无恶的争论。实际上，两学派的论点在对人之本性的理解上也分成了两种看法：一派主张应该按照孟子的性善说；另

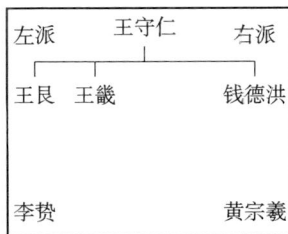

左派		王守仁	右派
王艮	王畿		钱德洪
李贽			黄宗羲

阳明学系谱图

一派则认为应该超越善恶的相对性，追求终极的至善。隶属右派的许孚远更重视实践胜于雄辩，强调比起知识更重视体验的学术风格。他从这一立场出发，批判了流于空谈的无善无恶说。泰州学派的周汝登以《九

谛九解》为题对此进行了反驳。然而，双方之间始终无法达成共识，彼此的分歧反而越来越大。

阳明学不仅在左右两派之间存在对立，还因人脉、地缘等因素，同派的学者之间也分化出许多分支。阳明学并非静止的思考体系或系统性的学说，而是非常注重人类及社会的动态实践的。因此，师承的意义也与众不同。正因如此，阳明学的信奉者中不乏鼓吹朱子学式教诲的事例。换句话说，在明代后期，关于谁是朱子学者谁又是阳明学者的区分并没有一个统一的看法。有多少种立场和思考方式，就有多少种分类的方法。例如，被誉为"理学殿军"的刘宗周，既是朱子学派的重要人物，也是阳明学派的核心代表，无法把他简单地归类成朱子学者或阳明学者。姑且不论出于维护学派的目的来进行区分的情况，我认为轻易地把"朱子学派"和"阳明学派"分开讨论的思想史是没有什么学术意义的。

此后，泰州学派中涌现出更为激进的思想家，如颜钧、梁汝元（何心隐）和李贽。特别是李贽，在现代的思想研究者看来，他可以说是阳明学思想发展的嫡传。但是，以阳明学嫡传自居的右派代表黄宗羲，对这些人极尽批判之词，有时甚至试图通过忽视他们来将其从阳明学的发展历史中抹去。另外，黄宗羲的父亲因为是东林党而被处决，他本人则是刘宗周的弟子。

综上所述，朱熹和王守仁这两位堪称祖师的大思想家辞世后，他们的学说由门下弟子根据各自的理解进行诠释和传播。在这一过程中，第二代之间已经开始出现分歧，并且随着时间的推移，这些分歧越来越大。因此，讨论朱子学和阳明学时，如果不考虑这些学说是由谁传述的或是由谁解读的，就可能会导致误会的加深。日本真正开始接受朱子学恰逢中国无善无恶争论最为激烈的时期。

五

日本的接纳

《在中国的展开》介绍了门下弟子是如何在朱熹和王守仁辞世后继承朱子学和阳明学的，并指出了这个传承过程中存在的问题。本章将以此为基础，介绍两学派在日本的发展。

1. 朱子学的传入

朱子学在镰仓时代传入日本。荣西[1]传播临济宗的时期恰逢朱熹晚年。之后，前往中国留学的禅僧络绎不绝，他们将接触到的儒学新动向和书籍带回了日本。虽然第一个这样做的人是谁至今仍是学术讨论的焦点，但实际上，确定具体的某个人并没有太大意义。相反，更有趣的是，这些禅僧在留学期间都接触了朱子学，这表明当时朱子学在中国非常流行。

不过，这里所说的朱子学实际上也涵盖了一些虽属于道学但并不完全隶属于朱子学派的思想与著作。例如，京都东福寺收藏的宋代印刷本张九成的《中庸说》，他的思想曾被朱熹斥责为如"洪水猛兽"一般危险，因此在朱子学取得胜利后，他的著作在中国逐渐被人遗忘。在近代，东福寺藏本被做成影印本再次

1　荣西（1141—1215），日本镰仓时代初期的僧人，被誉为日本禅宗的开创者之一。他在宋朝时期留学中国，学习了临济宗禅法，回到日本后致力于禅宗的传播。荣西不仅将禅宗引入日本，还引入了茶道的基础，并著有《兴禅护国论》，对日本佛教、文化和社会产生了深远的影响。

流传开来。据说带回这本书的僧人圆尔[1]还携带了朱熹的其他书籍，但这些书籍的原件已不复存在。

另一个争论至今的话题便是后醍醐天皇的建武新政[2]与朱子学思想之间的关联。例如，北畠亲房[3]的《神皇正统记》中，可以看到吸收朱子学的痕迹。他们在构想新的政治秩序时，不可能完全脱离现有的朱子学知识。然而，他们在接受朱子学时也存在许多误会和曲解。从专家的角度来看，他们对朱子学的理解水平非常有限，甚至无法称之为朱子学。此外，影响他们的宋代儒家思想也不全是朱子学。即便如此，他们还是把这些看作中国最新的即世界上最先进的思想来接受。

另一方面，王守仁出生在日本应仁之乱[4]的时期。

073 虽然阳明学传入日本的具体时期已不可考，但考虑到

1　圆尔（1202—1280），法名辨圆，日本镰仓时代的僧人、临济宗的高僧，日本临济宗的重要传播者之一。

2　建武新政（1333—1336），是日本南北朝时期后醍醐天皇主导的一次政治改革。该政权旨在恢复天皇的直接统治，废除镰仓幕府的武家政权体制。

3　北畠亲房（1293—1354），日本南北朝时期的重要政治家、学者和历史学家，南朝的忠臣。他是北畠显家的父亲，致力于维护南朝正统，撰写了《神皇正统记》，宣扬天皇的正统性，捍卫皇权。他在南北朝内战中积极参与军事和政治活动，支持后醍醐天皇，对南朝的思想和政治产生了深远影响。

4　应仁之乱（1467—1477）是日本室町时代中期发生的一场全国性内战，标志着日本从中世纪进入战国时代。主要由足利将军家内部的继承问题引发，但实际上反映了各地大名争夺权力和土地的斗争。

室町时代日本和中国之间频繁的人员往来,以及日本船只经常停靠的宁波就在王守仁故乡的附近等因素,我们可以推测阳明学在相当早的时期就已经传入日本。实际上,王守仁曾与一位名叫了庵[1]的日本僧人会面,并赠送了一篇文章以表纪念。话虽如此,也并不意味着是了庵将阳明学传入了日本。

同时,朱子学也一直是禅僧学习的内容。最初,这些学问的中心在京都的五山,随着应仁之乱的爆发又逐渐向地方传播。最著名的就是萨摩(鹿儿岛县)和土佐(高知县)。负责日明贸易的周防(山口县)大内氏也鼓励治学。这些地区后来成为倒幕运动的中心,难道仅仅是个巧合吗?

2. 江户前期的儒学

到了江户时期,朱子学终于从禅宗寺院中独立出来。藤原惺窝的弟子林罗山作为政治顾问效忠于德川将军家,他的子孙则世袭大学头[2]一职,统管儒学。但是,这并不意味着维护德川幕府体制的思想从一开

---

1 了庵(1428—1504),本名清原业忠,日本室町时代后期的僧人和茶道家,被誉为茶道宗师之一。他在应仁之乱后致力于茶道的发展和传播,是"侘茶"的重要奠基者之一。他的茶道理念强调简朴、静寂和内省,影响了后来的茶道大师千利休。
2 大学头是江户时代日本管理和教授儒学的高官职位,通常负责教育和学术事务。该职位主要统领和管理国家的儒学教育系统,并且在德川幕府时期尤为重要。

始就是朱子学。近年来普遍认为朱子学在武士阶层中的广泛渗透是在江户后期才发生的。实际上，惺窝的思想不仅仅属于朱子学派，还深受其他道学流派和阳明学的影响。在惺窝和罗山的时代，重点是引进并介绍宋代以来的新儒学思想，以此来对抗京都公家学者所传承的旧儒学传统。

山崎闇斋自称是朱子的学徒，并主动扛起传播朱子学说的重任。他特意选择了闇（暗）斋这个与朱熹的"晦庵"同义的号。他从神儒一致的立场出发，创立了垂加神道并排斥佛教。此前在临济禅宗世界中传播的朱子学这次又与神道结合起来。闇斋的私塾和学堂虽然都设在京都，但他同时也在幕府中枢得到了会津藩主保科正之（将军家光的异母弟弟）的支持。

第二代藩主光圀创立的水户学的国体论也是在这种环境下孕育而生的。第二章说的，他在江户藩邸修建了一个以范仲淹的名言命名的庭院，就象征着这一点。给这个庭院命名的正是从明朝逃亡至此的学者朱舜水。

第五代将军纲吉喜好学问，曾经亲自主持经书的讲义。他庇护林家，让他们从僧侣形象变成了总发姿[1]（即将头发整齐梳理而非剃发）的儒生，并赐予他们土

---

[1] "总发姿"指的是一种特定的发型，主要是指头发未剃，将头发整齐地梳理并固定在头顶或脑后的形象。这种发型在日本历史上常见于江户时期的学者和武士，与僧侣剃发的形象形成对比。

地在汤岛开办学校。这就是如今御茶水汤岛圣堂的起源。他的宠臣柳泽吉保以儒臣身份招揽荻生徂徕，

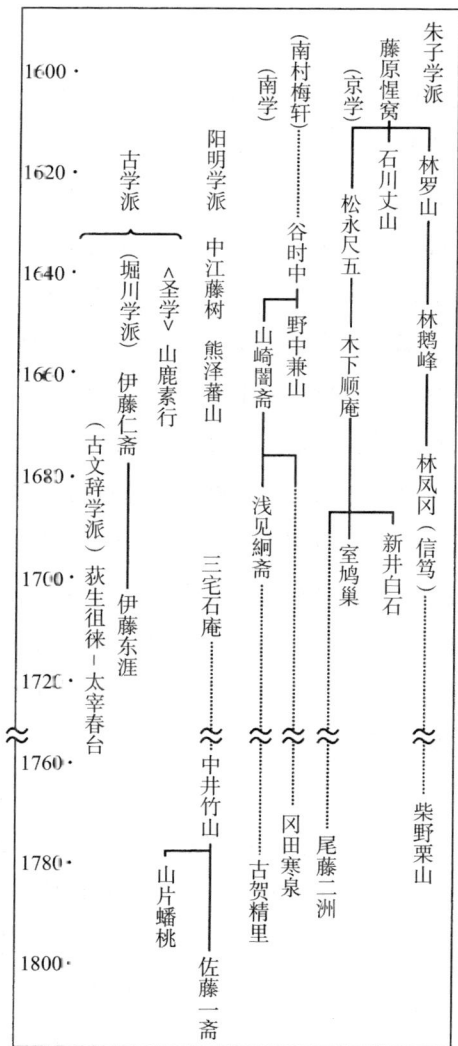

1600・

1620・

1640・

1660・

1680・

1700・

1720・

1760・

1780・

1800・

朱子学派

藤原惺窝

（京学）

（南学）

（南村梅轩）

石川丈山

松永尺五

林罗山

林鹅峰

谷时中

野中兼山

山崎闇斋

木下顺庵

林凤冈（信笃）

浅见絅斋

新井白石

室鸠巢

尾藤二洲

冈田寒泉

柴野栗山

古贺精里

阳明学派

中江藤树　熊泽蕃山

古学派

＜圣学＞　山鹿素行

（堀川学派）

伊藤仁斋

（古文辞学派）

荻生徂徕－太宰春台

伊藤东涯

三宅石庵

中井竹山

山片蟠桃

佐藤一斋

江户儒学的师承关系图

纲吉有时也会亲临他的宅邸参加儒学的学习会。可以说，幕府是在纲吉时期采纳朱子学为官学的。另外，荻生徂徕在这个阶段还没有创立他自己独特的徂徕学，只是一名普通的朱子学者。

在此之前，备前国冈山藩主池田光政招揽了儒者熊泽蕃山来整顿藩政。冈山藩率先设立学校也是出自光政的方针。

蕃山师从近江圣人中江藤树。藤树就是第一章中介绍的被明治时期的研究者们视为日本阳明学派开山鼻祖的人。诚然，他似乎对王守仁的学说颇为倾心，但他并不是为了对抗官学朱子学而自认阳明学派的。

伊藤仁斋就在闇斋于京都开办的私塾旁边批判起了朱子学的理和敬的思想，阐述了他自己的仁爱伦理。他最初信奉朱子学并号敬斋。从敬斋改号仁斋的变化可以看出他思想上的转变。他认为朱子学和阳明学的观点歪曲了经书的解释方法，因此提倡按照原义进行字句解释的古义学。在这一点上，他的思想与晚清考据学有相似之处。

晚年的荻生徂徕在反对仁斋的同时又受到了他的影响，认为重视个人修养的朱子学违背了孔子的本意，圣人之道无非是礼乐刑政罢了。徂徕起初信奉朱子学，他对仁斋的批判最初也是站在朱子学者的立场上进行的。然而，一旦脱离朱子学，他便开始批判仁斋的古义学也不过是朱子学的一种变形。徂徕的方法比古义学更加彻底，他追求古代语言的意义，并根据其用法和语法创作文章，这种方法被称为古文辞学。

另外，与仁斋和徂徕并称为"古学派"创立者之一的还有山鹿素行。不过，更贴切的看法是，山鹿素行并非对矢子学提出异议，而是一位通过儒家术语展示了在没有战斗行为的和平年代中武士生活方式的思想家。他曾因遭受思想打压而被迫蛰居在赤穗。有一种观点认为，赤穗浪士为主君报仇的袭击行为就是受到了他的影响，但这种因果关系尚未得到证实。

对于赤穗浪士事件的处理，幕府内部也存在着不同的见解。从忠义的角度来看，许多人认为这一行为应当受到褒奖而不是惩罚。据说，儒学爱好者纲吉也倾向于这种观点。徂徕则认为，遵守国法对于体制的稳定至关重要，从这一角度出发，个人的忠义行为应当受到惩罚。切腹这种处刑方式既维护了武士的名誉，也可以在传统的武士道德（以及与之相辅相成的儒家

伊藤仁斋

荻生徂徕

3. 儒家伦理的渗透

　　继承纲吉之位的家宣从担任甲府藩主时期起便重用木下顺庵门下的新井白石。从他开始，儒生还在幕府的实际事务中担任重要角色。白石最为人称道的是他对传教士史多提（Giovanni Battista Sidotti）的态度，他因此被视为一位对西方学术怀有浓厚兴趣的开明人士。但是，这一点应该理解为"因为他是（批判旧有佛教体制的）朱子学者"而不是"尽管他是（顽固守旧的）朱子学者"。包括幕末的兰学家在内，许多对西方学术感兴趣的人都具备朱子学的素养。他们认为这种兴趣是"格物致知"的实践。把朱子学和守旧派、锁国派联系在一起，是近代以来形成的误解。

　　第八代将军吉宗放宽了汉籍进口的限制，努力收集海外信息。他经常让亲信从幕府的图书馆中借阅中国的地方志，以特产为中心进行调查。此外，为了稳定和维持社会秩序，他命令荻生徂徕和室鸠巢经由琉球（冲绳）得到了《六论衍义》这本社会道德书籍并印刷传播，还让他们编纂了明朝法律的注释书《明律国字解》。吉宗的兴趣在于政治上的实际利益，在这一点上他与纲吉的志向不同，但在民间普及儒家伦理这一点上，他可谓开创了一个新纪元。

当时，大阪的百姓在获得幕府的正式认可后开办了怀德堂学校。在这里，他们依旧站在朱子学的立场，同时也掀起了一股不受身份制度束缚去思考的学风。与之不同的是，由石田梅岩创立的"心学"，作为一种契合了江户时期社会秩序的伦理思想流派兴盛了起来。包括闇斋学（崎门朱子学）、仁斋学（古义学）和徂徕学（古文辞学）在内的学派的活跃，让儒家学说逐渐渗透到日本社会中去。

18世纪末，朱子学学者柴野栗山、尾藤二洲等人在老中松平定信的支持下推行了关于幕府学校的宽政异学禁令，禁止在幕府官方学校教授和学习朱子学以外的儒家学派。这一政策最初虽然并未禁止各藩学习其他学派，但对确立朱子学的主导地位起到了关键作用。到了幕末时期，不仅武士阶层，较为富裕的农民和百姓阶层也熟知中国典籍及其中的思想。因此，把儒家看作明治维新的原动力之一的观点也并非毫无道理。

然而值得注意的是，除了一部分的例外，江户时期对儒家的接受主要都侧重于个人的修身养性。这一特征不仅是朱子学和阳明学相较于唐以前儒家的独特之处，也是它们在日本得以广泛传播的重要原因。然而在中国，即便是朱子学和阳明学，其关注点也不仅限于个人的修身养性，而是始终以经世济民为理想的。

第二章《士大夫的时代》中引用的张载的名言"为万
世开太平",在日本被内化并以精神主义的方式去理
解,但是张载的本意是通过官僚参与政治并实施具体
的政策来实现这一理想的。由于日本拥有森严的阶级
世袭制度,从一开始就限制了个人参与政治的机会,
因此在日本,对儒家的接纳和理解偏向了个人的修身
养性。

4. 日式阳明学

这种倾向在阳明学上尤为明显。除了蕃山之外,
阳明学者很少以当局者的身份出现。相反,他们更倾
向于像大盐中斋(平八郎)那样,在没有明确计划的
情况下,基于无法抑制的情感,出于理念而发动军事
起义。"杀身成仁"的自我牺牲的方式体现在幕末志士
们刹那的、破灭性的恐怖主义之中,这种潮流甚至影
响到了昭和初期的青年军官和三岛由纪夫。对这些人
来说,他们试图通过暴力强行推行自己认为的普遍真
理,这在社会上被视为危险的思想。如前所述,阳明
学自带这种可能带来极端行为的学术特点。三岛由纪
夫主张的"作为革命哲学的阳明学"和王守仁所期待
的"圣人之学"完全不同,但在某种程度上也触及了
其本质的一面。

诚然,阳明学作为一种平和的自我修身养性之学

也一直发挥着成为政治和社会领袖之精神支柱的作用。无论这些人是否有着明确的自觉，明治政府的首脑和自由民权运动的领导者——也就是幸存的志士们——在以文明开化为旗帜、努力移植西方现代化国家体系的过程中，阳明学或者说包括朱子学在内的儒家思想都一直是支撑他们心态的重要因素。此外，早期的基督徒中也有许多人具备儒学素养。高杉晋作接触被禁的基督教时曾感叹"这就是阳明学"。无论是《代表的日本人》的内村鉴三还是《武士道》的新渡户稻造，这些试图向欧美传达"日本精神"的基督徒都是在江户后期深受儒家影响的文化环境中成长起来的。他们并不是否定过去，而是试图将其作为日本引以为傲的特质进行称赞。《敬天爱人说》的中村正直（敬宇）是一位能够同时实践儒学和基督教的人物。和中村同期的东京大学教授中还有阳明学者三岛毅（中洲）。

明治前期，在宪法体制下，掀起了一场试图回归"传统"的风潮。它主要针对的就是对所谓鹿鸣馆时期的反思和反动。其象征就是《教育敕语》。不论是敕语的撰述者井上毅还是与他交换意见并确定敕语内容的元田永孚，都曾在熊本藩的学校里学习过儒学。至今已经有很多关于他们之间的争论的研究，但是对于他们所共享的基础——因此没有成为争论对象的事项——由于没有形成文字，所以往往不被关注。

一早就提出应该制定类似《教育敕语》这类文件

082

的西村茂树（泊翁）就把《六谕》当作模型。吉宗曾将《六谕》视为支撑中国皇帝统治系统的工具，而在西方文明渗透的过程中，《六谕》再次作为建立独特的民族国家的精神支柱重新受到了重视。通过公共教育系统将儒家伦理传播给整个日本列岛的全体居民（后来又包括殖民地的居民）。从这一点来看，可以说明治时期日本的儒家思想化程度更甚从前。

第二次世界大战的战败否定了明治时期的国家体制，过去似乎被抛弃。然而战争已经过去好几十年的现在，一切正在被重新审视。在现行宪法保证了思想和言论自由的前提下，每个人在选择自己的政治立场时全凭自己的良心（用阳明学的术语来说就是"良知"）。然而如果没有对过去的正确认知和理解，做出的判断就可能会充斥着独断和错误。我们学习儒家，不仅仅是为了更详尽地了解人类引以为豪的思想遗产，更重要的是，作为现代日本的公民与无法回避的过去建立起至关重要的联系。

六　性即理和心即理

我在《日本的接纳》中，介绍了朱子学和阳明学传入日本的路径和在日本的展开，并指出了其中存在的问题。和前五章从外部观察的视角不同，本章开始我将会对思想的内容本身进行分析。

1. 理的字义

我们在用一句话说明朱子学和阳明学的区别时，常常会提到"性即理和心即理"。前者是朱子学的特点，后者是阳明学的特征。尤其是在日本，人们更倾向于从这一维度来解释两者之间的差异，普通的教科书和概论书中至今也都是如此描述的。但是严格说来这个说法并不正确。

理字的本意是"一种玉石的装饰技法"[1]。就像玉被用作"理""珍""珠"等汉字的部首一样，玉作为宝石的代表自古以来在中国就备受重视。作为玉自身所具备的纹样，纹理原本就存在于其中。由此引申，人们把普遍现象中"理应如此的纹路"称为"理"。

但是，这种"理"字的用法在《论语》和《孟子》中是看不到的。这意味着，从文献学的角度来说在《论语》和《孟子》成书时还没有这种用法。日本的伊

084

---

[1]　日语原文"玉のすゞめ"是指一种主要用于和服腰带或腰带装饰的技术，通过在腰带或腰带饰带上加入纵向条纹状的图案，增加装饰品的立体感和优雅感。

藤仁斋和中国的戴震以此为依据，认为孔孟之说中并不存在理的思想，这是朱子学捏造的新观念，并因此对朱子学进行了批判。

不过，第一个赋予"理"字以哲学意义的并不是朱子学。在三国时期，即公元 3 世纪时盛行的玄学流派中，"理"字被用来说明存在于现象深处的东西；在唐代，公元 7 至 8 世纪的佛教，特别是华严宗的教义中则被当作"事"的相对概念得到了重用。因此，有观点认为，朱子学和阳明学中理的渊源可以追溯到这些使用方式，并在此基础上强调它的意义。

但是，广义上理字的使用不再只是局限于哲学和宗教的语境之下，而是普遍化了。此外，唐朝的第三位皇帝高宗（著名的则天武后的丈夫）的本名是治。自古以来成为皇帝名讳的字都需要避讳，因此唐代在相当长的一段时间里都禁止使用"治"，大多数情况则是用"理"字来代替。譬如把"孝治"（因孝而治）称为"孝理"。因此，在政治领域中"治"字的使用频率几乎完全被"理"字包揽。"理"成为日常用语。

当日本的儒者通过书籍接触到理的思想时，包括用法在内都会感到新鲜吧。因为在日语中"理"并不是日常用语。他们积极引入这个词并鼓吹新思想。这就像明治时期那些将德国观念论带到日本的人们在看到康德和黑格尔著作中那些德语时感到的新奇一样，在替换成日语表达时出现了类似于生造新的汉语词汇的现象。其实，康德和黑格尔并没有创造什么新的单词，他们只是借用了已有词汇的意思和内容，并在他们的哲学语境中赋予这些词以新的内涵罢了。同样，宋代的理也很可能只是人们的日常用语。因此，即便当时的人们并没有深厚的玄学和华严宗教义的素养，他们也能够理解朱熹所说的内容。

作为证据，在朱熹与门人的问答中并没有关于"何为理"的讨论。理是作为谓语去说明解释的词语，如"某某是理"，而不是需要作为主语去进行解释的词语，如"理是如此这般的东西"。无论是"性即理"还是"心即理"都是"××是理"的形式。这也同样适用于"气"。

2. 二程的功绩

"理"在当时的日常生活使用中被赋予了世界原理和真理的含义，朱子学的哲学体系便是以此为基础建立的。程颢是第一个意识到并明确指出这一点的人。他说自己的学问大多是从先人那里学到的，但只有"天理"二字是自己的体悟。（"吾学虽有所受，天理二字却是自家体贴出来。"）其弟程颐则确立了"性即理"之说。

> 性即理也，所谓理，性是也。天下之理，原

其所自，未有不善。喜怒哀乐未发，何尝不善？
发而中节，则无往而不善。(《河南程氏遗书》卷
二二上)

此处的"理性"并不是现在作为 reason 译语之
"理性"的意思。在明治初期的启蒙思想家西周将它用
作译语之前，理性原本是指代事物的本性，在佛教中
作为与"事相"对立的概念来使用的。因为是佛教用
语，在日语中按照正常的读音区分应该读作吴音的
"理相"[1]。

从程颐的"所谓"可以看出在当时"理性"这个
词已经相当普遍了。原本，佛教的僧侣们用这个词语
来解释教义就已经表明在程颐之前就有结合"理"和
"性"来讨论事物本性的思考基础。程颐在重新解释中
国思想的传统课题"性"时再次提出了"理"。

"性即理。"结合这一叙述的结构来看，"性"是需
要解说的、尚未明确的概念，而"理"则是听者已知
的、明确的概念。关于"性"这一概念，自先秦时代
儒家成立之初就有着许许多多的解释和说明。在文献

---

1 此处为了区分，将日文"りしょう"翻译成"理相"，此处的原
文是日语"理性"的音读发音，即文中所说的吴音(音读的一
种)。"理性"一词在日语中一般读作"りせい"(risei)，这个读
音方式是将"理性"一词作为日制汉语词汇来看待。作者在这里
强调的"りしょう"(risyou)读音则是专指从中国南方地区传入
日本的汉字读音，亦即作为汉语词汇来看待。

中，我们可以在著名的《孟子·告子上》的性善论中看到最早的论争。

"性本元善恶"之说、"君主的政治是否得当会影响人们的性善或性恶"之说、"性因人而异，有善者也有恶者"之说，孟子针对这些观点提出了最简洁且纯粹的主张："人性皆善"。目前我们看到的一些关于儒家思想的概论书中会写到孟子的性善论从提出时起就已经是正统学说了，这个正统在孔子之后的两千五百年间从未改变过。然而，这并不符合历史事实。孟子的性善论之所以能够成为正统，是因为程颐和朱熹将其解释为"性即理"并加以系统化。需要指出的是，孟子本人从未使用"理"这个词来解释性善论。

那么，程颐在系统化孟子性善论的过程中，为什么选择用"理"这个术语来充当谓语呢？这是因为他与其兄程颢一起成功地把这一概念和"天理"联系在了一起。

> 在天为命，在人为性。（《河南程氏遗书》卷十八）

这是程颐对《中庸》开篇一句"天命之谓性"的改述。所有的人都被天赋予了作为"命"的"性"。天有"理"，它统一并秩序化了整个世界，因此这些个体的"性"都是"天理"的一部分，其本质是相同的。

这就是孟子所说的"人性本善"的意义所在。程颐的思想大致如此。

3. 朱熹的体系化

朱熹自认为是二程忠实的继承者。在整理父亲及其友人收集的二程语录资料的过程中，他逐渐认为坊间流传的二程语录及其门人的解说未能传达出二程的真谛。因此，他通过批判多数派的观点逐步确立了自己的学术。实际上，我们今天讨论二程思想时最常使用的语录资料《河南程氏遗书》就是朱熹编写的。

朱熹在解释"性"时除了使用"性即理"，还喜欢引用张载的"心是统括性与情的（'心统性情'）"这句话。但是，这句话来历不明，在现存的张载文章和语录中都没有记录。所谓引用张载的语录，其实只是对朱熹引用的转引。因此，张载是否真的说过这句话，或者即便他说过，那么又是在什么样的语境下，有什么样的含义，目前仍不清楚。我们只能知道，朱熹之所以爱用这句话，是因为在朱熹的思想体系中这句话是一个很方便的论据。

被称为天理的性只是人心的一部分，除此之外还有情。这个词在日语中可能会让人联想到某种温润的感觉，从而误解了朱子学的意思。在汉语中"情"虽然也可以指代男女之间的关系，但朱熹在这里想说的并非如此。如果不理解朱熹之前长达数百年的对"性"与"情"之间关系的讨论，就无法理解这个问题。

让我们重新确认一下之前引用的程颐的言论中出现的"未发"一词。

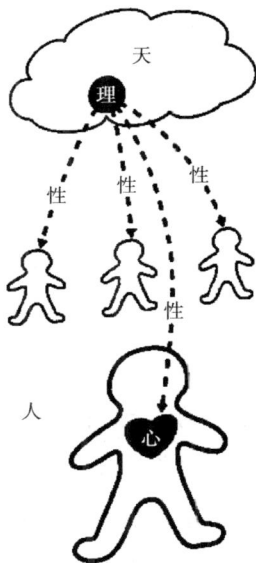

性即理示意图

> 喜怒哀乐（这些情感）在"未发"的阶段都是善的。当它们表现出来的时候，只要能够合乎分寸就没有不善的。[1]（《河南程氏遗书·卷二十二上》）

我在这里用括号补充的部分对于程颐的听众或朱熹编辑的作品的读者来说完全是多余的。因为一提到"喜怒哀乐"自然就知道是指"情"。喜怒哀乐这四种情感，或者再加上爱恶欲这三种情感，这七种情感是人对他人表现出的情感态度的类型（此处的"恶"不是"恶事"而是"憎恶"）。儒家思想认为应该克制情

1　原文：喜怒哀乐未发，何尝不善？发而中节，则无往而不善。

感的表露，所以如何驾驭这些情感或者能否驾驭这些感情便成了修身养性的一个重要课题。佛教禅宗成立后，儒家受其影响也开始提倡保持平常心这种修养心性的方法。例如，曾任二程家庭教师的周敦颐就用"主静"来阐述这一点。

《中庸》中有这样一段话："喜怒哀乐之未发，谓之中；发而皆中节，谓之和。"可以看出，上述程颐的言论显然就是来自这段话。"未发"是指尚未接触引起情感的对象，因此还未产生对应情感的阶段。一旦接触到对象就会产生情感。以"怒"为例，对于人来说此情感是不可或缺的，尤其是在知道了有悖人伦的行为时更应愤怒。但问题的关键在于表达愤怒的方式。表达的方式要合乎分寸，即按照适当的顺序以合乎礼节的形式来表达自己的情感，这就是品格高尚的人——君子的言行举止。也就是说，有正确的愤怒方式和正确的悲伤方式。

092 4. 心的主体性

儒家从很早以前就通过制定详尽的礼仪规定来规范人际关系。具体情况会放在其他章节中阐述，但就本章而言，"情"的表达应符合"理"之所在的"性"。朱熹对上述《中庸》的内容做了如下注释。

喜、怒、哀、乐，情也。其未发，则性也。
无所偏倚，故谓之中。发皆中节，情之正也；无
所乖戾，故谓之和。（《中庸章句》）

未发之性表现为已发之情，这就构筑了人与人之
间的关系。一个人的行为在那个时候是否合乎情理就
成为一个关键的问题。为此，必须时刻保持心对理也
就是对性的纯粹状态，以便做好恰当地表达出情感的
准备。朱熹继承程颐的"主敬"思想，也强调敬的重
要性。这种思想的根据在于，如此修身养性绝不是外
部规范的强制，而是依照每个人与生俱来的作为天理
的性来进行的。臣下绝对服从君主，子女绝对服从父
母，妻子绝对服从丈夫，这便是天理。这并不是由统
治阶级、家长权威或性别结构强制形成的，而是自然
的规律。这三种人际关系自汉代以来被称为"三纲"。
朱子学的社会理论在此基础上试图构建和谐的人际关
系网络。

但是，对一些人来说这种方式也让他们感到压抑。
他们需要一种更直截了当、更符合人类情感的解释。
阳明学正是对这种需求的回应。

"心即理。"这个命题只有以朱子学派的性即理为
前提并对其进行批判才有意义。即便是在朱子学中，
若将上述程颐和张载的两个命题结合起来，也会得出
"理宿于心"的结论。因此，心的问题在这里同样重

要。有观点认为"朱子学也是心学",并主张其本质和阳明学是相同的。然而,这种观点忽视了朱子学中的"心"和阳明学中的"心"在概念内涵和意义上的差异,实际上两者各自的"心学"有着完全不同的内涵。

阳明学所说的"心即理"完全没有"但性非理"的意思。相反,在性即理这一点上阳明学同朱子学持有相同的见解。问题在于"心统性情"的说法。朱子学在概念上明确区分心与性,而阳明学则认为心与性是相同的。因此,性即理也就直接等同于心即理。

朱子学因为朱熹本人的分析主义倾向以及得意门生陈淳热衷整理的性格,对于解释这些概念的区别和相互关系尤为热心。从这个意义上说,可以称朱子学为"哲学的"。在儒家思想的传统中,这属于逐一确认经书中出现的文言和术语意义的训诂学的脉络。常在概论书中看到"朱子学是在批判汉代儒家的训诂学的风潮中诞生的"这样的观点,这是不正确的。姑且不论二程及其弟子所处时代的道学,单说朱子学就因着朱熹的个性而呈现出训诂学一般的面貌。朱子学缜密的系统性是通过严格定义每一个术语来实现的。

然而,阳明学却没有这样的特征。更确切地说,王守仁反对朱子学的根本原因在于,他认为这种经院式的知识体系和作为人应该如何生活的紧迫问题毫无关联。朱子学强调"为了在应对外物时控制情感,需要在接触事物之前先修养心性"的主敬的修身养性方法，对于必须在日常生活中不断接触各色事物的人来说，只不过是脱离现实的象牙塔里的观念论罢了。相反，阳明学三张在与外物接触的实际环境中，通过实践正确地调整自己的心态。这就是阳明学所说的"事上磨练"。

此时，不存在"未发"和"已发"的阶段。"心"不是为了整合性与情这两个不同阶段的名称，而是具备性的情动，是指这个具体的状态。因此，心与性在修身养性上的区分也变得毫无意义。在王守仁的观点里，心感受到外物而动，这个动本身的正当性就是理。而且与朱子学的格物不同，阳明学的物也被认为是发自内心的。

> 心外无物。如吾心发一念孝亲，即孝亲便是物。（《传习录·上》）
>
> 心之体，性也，性即理也。故有孝亲之心，即有孝之理；无孝亲之心，即无孝之理矣。有忠君之心，即有忠之理；无忠君之心，即无忠之理矣。（《传习录·中》）

也就是说，虽然朱子学和阳明学都在使用"心"这个字，但内涵却大相径庭，或者说有所偏差。因此，阳明学并不是为了对抗朱子学的"性即理"才主张"心即理"的。但是，当"性"和"心"被看作同一维度的不同概念，那么两者的主张就会被视作相互对立的。因此，也就出现了用这些标语来直接表达两学派之间差异的现象。

七　格物与亲民

上章《性即理和心即理》说明了这两个常用来表述朱子学和阳明学差异的标语其实只是体现了各自学术体系的差异，而并非在意义内容上有本质上的区别。本章承袭前文讨论《大学》的释义问题。

1. 什么是格物

针对上一章的讨论，我们可能会立刻产生这样的疑问：即使"性即理"和"心即理"在内容上是很相近的，但是既然使用了不同的标语来表达，不恰好说明了朱子学和阳明学之间的差异吗？诚然，从某种角度来说是可以这样理解的。在理解了上一章所叙述的朱子学和阳明学之间关于"心"所表达的内容差异的基础上，仍将其作为揭示两者差异性的标语去使用的话，那便是有意为之的了。但是，这里隐藏着以下几个问题。

朱熹继承程颐的说法强调"性即理"时，意味着"我们生来具有的本性是宇宙中一切事物各自应有状态在人类身上的体现，因此它是与宇宙秩序和谐统一的"。但是，人们在大多数情况下并没有意识到这一点。朱熹解释说这是因为我们被"气"所覆盖。因此，我们必须首先对包括自身在内的宇宙万物进行知性探索，体会"理"是什么。这样一来，人就能够意识到作为人类应有的本质，从而能够按照这种应有的方式来生活——基于这种思想提出了朱子学方式的修身养性。这正是本章的主题"格物"。

另一方面，如前章所述，阳明学的"心即理"指的是鲜活的人在当下进行精神活动和肉体行为时，其本身的状态就源自宇宙的道理。也就是说，宇宙的道理不是我们在活动和行为主体的人类之外需要探究的事物，而是应该在我们进行这些活动和行为的每一个当下得到确认的。这个理论的基础同样也是"格物"。

因此，在都重视格物这一点上两者是相同的。

换句话说，"格物"被解释成了不同的含义，而这种解释上的差异才是朱子学和阳明学之间的区别所在。重要的不是"性即理"和"心即理"这两个标语之间的差异。两者最本质的区别是理解"格物"方式之间的差异。

"格物"一词出现在《大学》中。《大学》原是《礼记》中的一篇，作者不详。按照现今的文献学研究成果，其成书时间应当是在公元前5世纪到公元前2世纪之间，具体时间众说纷纭。儒家经学认为是曾子的门人记录的孔子和曾子的言论。到了宋代，例如司马光就单独拎出这篇并加以注释，使《大学》从《礼记》诸篇中独立。特别是在道学方面，自二程创始以来，就一直尊其为孔子一门的遗书，朱熹同样也将《中庸》从《礼记》中独立出来，与《论语》和《孟子》并列为四书之一。

朱熹在继承前人观点的基础上，认为《大学》的要点在于三纲领八条目。这些都出现在《大学》的开头部分，可以看到朱熹称之为"经"——此处的"经"相对于"传"而言，指的是《大学》这一经书中最核心的孔子的言论——的内容。三纲领是指明明德、亲民、止至善。其中，程颐和朱熹认为"亲民"当是"新民"的误字。八条目是指格物、致知、诚意、正心、修身、齐家、治国、平天下。三纲领八条目全都是汉语的动宾结构，即英语的 VO[1] 语法构成。因此，格物的"格"是动词，"物"则是宾语。

100

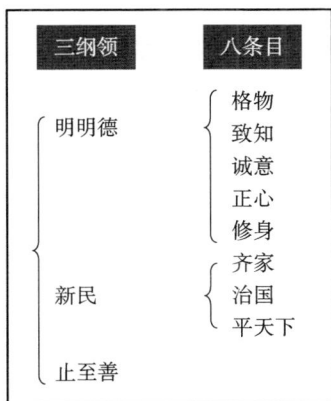

《大学》三纲领八条目

问题在于这个"物"指的是什么，"格"又是怎样的一种动作。从古至今对这句话有着各种各样的解释，

1　V 代表谓语，O 代表宾语。——编者

司马光把"格"解作"排斥"。格物就是排除外界的邪恶之物和蛊惑人心的东西。朱熹在《大学章句》中的解释也是在这种众说纷纭的情况下出现的一种新的观点。

> 格，至也；物犹事也。

以格为至，以物为事，通过文字的替换来解释经书上的意思，这种方法就叫训诂。朱熹在这里说的是，在这个语境中应当把"格"理解为"至"的意思，而不是在任何情况下"格"都是"至"的同义词。所谓"犹"，是指严格意义上来说虽然"物"和"事"的内容有所不同，但在此处可以理解为同一个意思。因此，尽管这些词不一定是同义词，但为了让读者更容易理解，常常采用这样一种手法，即用对读者来说更简单易懂的词语来替换并进行解释。在朱熹的通常用法中，"事"指的是具体多样的事物之间的关系，在这个意义上它与"物"是不同的概念。但是，朱熹在这里主张的内容——从他的立场来看，即孔子赋予"物"这个字的含义——并不是说"事"是与"物"相互独立的概念，而是指立足于具体的、个别的事物去穷尽其中的理。他在格物致知的注疏中明确指出了这一点。

2. 格物致知补传

关于格物的释义一直存在争论的主要原因是《大学》中没有明确地解释这个词。其他的纲领和条目各自都有解释说明的内容——尽管朱熹认为也缺少关于致知的释义，但这是因为他改动了文本的顺序，原典中是有解释致知的内容的，只有关于何为格物的解释不见了踪影。朱熹认为这是因为原本该有的内容因为秦朝焚书坑儒等原因而遗失了。于是，他汲取了二程的意图并尝试复原缺失的部分。这就是由144个字组成的被后世称为"格物致知注疏"的文本，其中也包括源自《易》的"穷理"。

朱熹一门之间对于格物的新解释自然也是议论纷纷。《朱子语类》卷十五中收录了近六十条的师生问答。下面挑选几条介绍一下。

"格物者，格，尽也，须是穷尽事物之理。若是穷得二三分，便未是格物。须是穷尽得到十分，方是格物。"

文振（郑南升）问："物者，理之所在，人所必有而不能无者，何者为切？"曰："君臣父子兄弟夫妇朋友（五伦），皆人所不能无者。但学者须要穷格得尽。事父母，则当尽其孝；处兄弟，则当尽其友（兄弟之间相处的方式）。如此之类，须是要见得尽。若有一毫不尽，便是穷格不至也。"

"格，谓至也，所谓实行到那地头。如南剑人往建宁（建州），须到得郡厅上，方是至；若只到建阳（隶属建宁）境上，即不谓之至也。"

最后的例子展现了他们日常生活的真实感受，颇具吸引力。不过，这个故事让我产生了一个单纯的疑问。根据三个地名的地理关系来看，南剑州的人想要到达建阳县就必须经过建宁府厅所在的建安县。这到底是朱熹的误解还是记录者或编辑者混淆了建安和建阳？

这点暂且不论，格物是在具体的个别事物上穷尽其理使之内化，这是八条目的第一阶段。之后，将由此获得的见识推广开来（致知），诚实自己的意志（诚意），使心态公正（正心），端正自己的行为（修身），妥善管理好家庭和族人（齐家），作为诸侯统治领地（治国），最终安抚天下万民（平天下）。这就是人的责任。

值得注意的是，《大学》原作者或许是对着君王陈述这些学说的，但朱熹等道学家却将其当作面向士大夫的普通学说。如第二章所述，《大学》因为宣扬了"先天下之忧而忧，后天下之乐而乐"的精神以及为万世开太平的理念而成为士大夫的经典。

与此相关的是圣人概念的质变。在此之前，儒家的"圣人"不仅是具有高尚品格的人，同时也是整顿社会秩序的政治君王。因此，只有特定的、事先被选定的人物才能成为圣人，并不是所有人都能成为圣人。普通人的理想是尊圣人为王并辅佐其统治。然而到了宋代，程颐明确提出"圣人可学而至"，圣人成为所有有志之人的目标。圣人不再是君王，而是以士大夫的身份面向百姓，具体来说，是作为科举官僚或地方乡绅承担维持秩序的责任，这被视为圣人的社会准则。这种情况下的圣人是指通过陶冶内心成就完美无缺的高尚人格。

朱熹基于这样的圣人观念强调了格物的重要性。也就是说，真心想成为士大夫的人首先要做到的就是格物。此外，他还反复强调半途而废的状态不能称为"格"。"至物"需要的是精神的高度集中——朱熹的后学们是这样理解祖师的言论的。程颐认为敬与格物致知之间的关系好比同一辆车上不同的两个轮子，朱熹也承袭了这一看法。

然而，朱熹作的注疏即便是在朱子学的拥护者之中也没有彻底获得信任。多位学者反复提出，由于《大学》的原典中已经有类似的说法，所以不需要朱熹的注疏。在朱子学的谱系中，吴澄、方孝孺、蔡清、林希元等代表元明时期朱子学的学者都赫然在列。他们虽然各自带有些微的差异，但都通过改变经书文本

105

原有的顺序，用经书本身的内容来补充朱熹想要表达的观点。这种逻辑是在朱子学的框架内有选择地批判朱熹那些具有独创性的学说和见解。

与这种潮流有关的是，到了 16 世纪，一名叫丰坊的人宣称得到了刻在石头上的三国魏时期的《大学》文本[1]，并公开发行了他自己修订的文本。一时间，很多学者都对此深信不疑，并利用它否定朱熹的修订版，引发了一场骚动。朱熹基于自己的信条，用训诂学的方法建立的《大学》解释体系的权威已然受到质疑。

3. 从"至"到"正"

和丰坊同一时期，在首都北京有一个正对着庭院中的竹子进行格物的青年的身影。他就是王守仁。后来经历了龙场顿悟，他意识到这种从外物中寻求理的方法是错误的。

106

> 格物如孟子"大人格君心"之"格"。是去其心之不正，以全其本体之正。（《传习录》上）

根据《孟子·离娄上》的内容，此处的"格"是

---

1 即所谓魏正始石经本。——编者

"正"的同义词，而不是朱熹所说的"至"。也就是说，格物并非是依赖外物行为的"至物"，而是被理解为一种内在主体表现的"正物"。

在王守仁看来，八条目不再是一种阶段。所谓正物就是通过良知的作用（致知），它需要内在处于诚意和正心的状态。归根结底，与嗜好分析的朱熹不同，王守仁并不注重意与心的区别。这四种修身养性的方法罗列出来的正是第四章中提到的四句教。让我们再次回顾一下钱德洪的理解。

> 无善无恶心之体，
> 有善有恶意之动。
> 知善知恶是良知，
> 为善去恶是格物。

在这里，作为根本概念被放在前面的不是格物而是心。它不是作为纠正的对象的心（即朱子学的正心），而是面向外物进行精神活动和肉体行为的主体之心，是超越善恶、处于绝对善之地位的"正确的心"。左派的王畿则更加彻底地主张无善无恶，认为意、知、物都超越了善恶的差别成为绝对的善。

与此处呼应，朱子学和阳明学对《大学》开头的解释也有所不同。原文由以下内容组成。

大学之道，在明明德，在亲民，在止于至善。

按照汉末经学家郑玄的训诂将其转化为正式严谨的日语应当如下：

大学の道は、明徳を明らかにするに在り、

民に親しむに在り、至善に止まるに在り。

108　　从语法上来说，第二句也能读作"在显德"。以郑玄为首，无论是朱熹还是王守仁都认为该是这样解读的。最后一句"止于至善"也没有争议。问题在于第三句。程颐认为这里的"亲"字是"新"字的误读，应作"在新民"。在《大学》的后文中可以看到引用了《尚书》的"作新民"一词，程颐的解释应当是为了贴合后文。在道学中，这个修改被视作理所当然，并被广泛接受。朱熹也据此在《大学章句》中作注："新者，革其旧之谓也。"也就是说，这里应当是"在明明德，在新民"。

言既自明其明德，又当推以及人，使之亦有以去其旧染之污也。

在道学中，"明德"指的是每个人与生俱来的善性，也就是天理。朱熹的意思是，先觉者教导人们回归遵循天理的生活方式，从而实现天下太平。朱熹将这称为"修己治人"。完成自我修身养性的人率先成为施政者，教育并感化众人。朱子学中伦理学和政治学的结合就是基于这一理论形成的。这里清晰地表现出了士大夫自上而下俯瞰民众的视角。

4. 新民还是亲民

朱子学得到了官学地位之后，学生们便开始阅读和学习朱熹修订的《大学》。一个理所当然的前提是，虽然原文中"亲民"一词的形式被保留了下来，但人们普遍认为应该将其读作"新民"。令王守仁惊讶的是，当他回溯文献时才发现，当初郑玄等人在注释时是直接将此处作"亲民"的。

王守仁按照字面意思来理解"亲民"，或者说，他主张必须这样去解读。因为孔子并没有把修己和治人分成不同的阶段。完成自身修身养性的人并不是回过头来再去教导他人改过自新，与民众打交道本身就是自我的修身养性。王守仁称之为"事上磨练"。朱子学首先要求在书房中做学问和静坐，而阳明学则具有很强的现场主义特质。也是因为这一点，阳明学在日本被视作行动主义。

通过整理上面的讨论我们可以看到：在朱子学中，格物是穷理的同义词。理解贯穿宇宙的法则并按照这

些法则去生活，就可以站在教导他人的位置上，这也
就是"新民"。另一方面，在阳明学中格物与"正心"
实质上是相同的。不仅如此，齐家和治国也是可以通
过我们自身的心态来实现的。阳明学不像朱子学那样
分阶段按顺序到达最终目标平天下，而是每个人进行
格物的过程本身就是在实现平天下。然而，从朱子学
的角度来看这是极度脱离现实的。朱子学并没有因为
阳明学的诞生而失去力量。相反，通过对阳明学的批
判，朱子学在社会秩序构想中的特质变得更加鲜明。

八　天理和人欲

上一章《格物与新民》指出了朱子学和阳明学在《大学》经文解释上的差异及原因。本章将在此基础上讨论这一差异的思想意义和社会意义。

1. 天理的发现

朱熹编纂的谢良佐语录《谢上蔡语录》中有一段转述其师程颢言论的内容。

> 吾学虽有所受，天理二字却是自家体贴出来。

朱熹编纂的《河南程氏外书》中也引用了这个词。恐怕出处同样是谢良佐记录的笔记。在谈论朱子学和阳明学的时候是离不开"天理"二字的。

和上述程颢的感怀不同，古典文献中早已有"天理"一词。这个词不仅在《庄子》中数次出现，在儒家体系文献《礼记·乐记》中也有登场。伊藤仁斋很早就指出了《乐记》篇的问题。当代文献学研究中普遍认为其在内容上受到了道家的影响，因此与《庄子》有相似的思想也不足为奇。此后，"天理"一词仍在一些书籍中使用，因此绝非程颢所造。他的叙述可以这样理解：这个词语中所包含的兄弟两人的思想内容并不是从别人那里继承的。

事实上，唐代刘禹锡在《天论》中提出的"人理战胜天理"被看作有利于人类社会的观点。然而，在二程的学说里"天理"被用来表述人人都应当遵从的宇宙秩序，其本身具有一种价值上的绝对性。

正如第六章《性即理和心即理》以及接下来的第十章《理与气》中论述的那样，在当时"理"是日常用语。宋学各流派都喜欢用这个词来指代秩序的根源。然而，他们却都没有明示"理"作为应当遵循之规范的根据是什么。"天理"一词明确了"理"源自"天"，因此它是最适合表述贯通自然界和人类世界的秩序原理的词语。在程颢看来，"天理"就是"天之理"。"性即理"的意思是，既然性是天赋予的，那么善性就应当是每个人与生俱来的。这一观点的依据是《中庸》开篇的"天命之所谓性"。正如之前指出的那样，这句话的原文中并没有出现"理"字。

频繁使用"天理"一词的迹象在二程的同门弟子之间并不明显。相反，他们把思考的重心放在"心"的问题上，并在同王安石学派和苏轼学派的斗争中发展出了独特的道学修身养性论。可以说，是朱熹重新发现"天理"的。也可以认为朱熹是在编纂语录的过程中遇到这个词语的。

朱熹经常把"人欲"作为"天理"的相对概念来使用。性原本是每个人与生俱来的天理，由于成为人类时所必需的"气"中掺杂了不纯物"欲"，因此妨碍了对天理的发现。朱熹认为，修身养性的目的就是去除恶的因素从而回归原本的至善。因此，他在《大学》开篇的注解中将"止于至善"解释为"达到天理的极致，没有丝毫人欲"[1]。在这个逻辑中，天理和人欲两者呈现正负关系，通过明德以彰显天理，可以灭尽人欲。"存天理，灭人欲"是朱子学修身养性论的基本立场。

阳明学在这一点上也有相同的立场。王守仁语录《传习录》中频繁出现"存天理，去人欲"。对他来说，圣人之道也是为培养内在于人的天赋之理——性。但是，两人对"人欲"的概念和内涵的看法却截然相反。什么才是应该消灭和去除的"欲"？我们需要沿着历史的脉络来说明这一点。

2. 与人欲的斗争

在王守仁之前大约五十年，公元 15 世纪前半叶的江西有一个名叫吴与弼的人。他是一位过着晴耕雨读的在野士大夫。有一次，他在干农活的时候不小心用镰刀割伤了自己的手指。据说他当时说了一句"岂能败给'物'呢"（"何可为物所胜？"），这句话简明地展示了当时那些以成圣为目标修行的人们是如何理解朱熹的理论的。对他来说，肉体上的痛苦和随之而来

---

[1] 《大学章句》原文为"必其有以尽夫天理之极，而无一毫人欲之私也"。——编者

的治疗需求都是干扰成圣修行之行为主体心的"物"。他们认为，只有灭尽这种人欲才能显露人性原本的样貌（明德和天理）。这种类似于王守仁穷尽竹子之理的行为可以看作朱子学修身养性论的某种形式。他们把这个视作"敬"的实践。在明代初期，居敬穷理似乎是一套完整的修身养性的方法，而不是两条并行的路径。

造成这种现象的其中一个原因应该是书籍流通的不畅。南宋盛行的印刷出版文化在明朝初期陷入了低迷。究其原因可能包括朝廷对思想学术的控制、社会整体的贫困化和经济萧条，以及对外交流活动的衰退等等。吴与弼虽然是政府高官的儿子，却没有留下任何经书的注疏。他一直认为内容详尽的注解书是有害而无益的。

与朱熹和陈淳提倡的读古今良书以穷理不同，明初的朱子学者们认为在日常生活中体悟真理比从书本获得知识更重要。（由朱熹系统化的）《中庸》里所讲述的两种修身养性的类型——尊德性（尊崇德性）和道问学（问学求道）中，前者成为了重心。而正如朱熹自己所提到的那样，这正是他自身所欠缺且为论敌陆九渊所强调的方面。

朱熹自称把敬和格物致知分别视为尊德性和道问学的修养方法是遵循了程颐的学说。居敬和穷理（即格物）是修身养性的两大支柱。但是，在朱子学内部，重心逐渐转向前者。出身于华北金朝的许衡是元代前期代表性的朱子学者。他强调"敬"的背后可能有元代出版文化不如南宋发达这一因素。在元代，即使在南方也出现了吴澄、宋濂等被归为心学的思想家。但是，他们都在大量阅读的基础上留下了数量可观的著述，所以不能把这一现象的原因全都归结于书籍的流通量。

这种心学盛行的现象与其说是陆九渊谱系的复活，不如说是朱子学偏重尊德性造成的局面。曾一度师从吴与弼的陈献章继承了这一路线，强调通过"心"把握天理的重要性。他的弟子湛若水将其定型为"随处体认天理"。这种类似王守仁事上磨练的想法动摇了以通过读书积累知识来形成人格为大前提的朱子学框架。在湛若水看来，敬与致知就像车的两个轮子，缺一不可。他们批判朱子学，尤其是陈淳代表的分析性理论，认为这是"先知后行"。阳明学的知行合一就是在这样的背景下诞生的。作为旁证的经书本身并不重要，最重要的是确立"心"的主体性。这一立场宣示：即使在没有各种经书注疏的环境中，人也可以成为圣人。他们的"心学"因为批判当时主流的流俗朱子学而备受瞩目。

阳明学者王时槐说过这样一段话。

所云居敬穷理，二者不可废一，要之居敬二

字尽之矣。自其居敬之精明了悟处而言，即谓之
穷理，非有二事也。（《答郭以济》）

对他而言，朱子学之流的格物致知并不是真正的
穷理。只有心的确立才是唯一的目标。阳明学作为超
越朱子学的理论出现，其意义就在于此。

然而，吴与弼和王守仁之间存在着一个决定性的
环境差异。到了王守仁的时代，书籍再次遍布街头巷
尾。特别是他的故乡浙江，因为是文化中心地带，各
类出版物俯拾皆是。这番繁荣的景象得益于当时经济
的好转。

王守仁晚年的嘉靖四年（1525 年），《慈湖遗书》
一书出版。慈湖是陆九渊高徒杨简的号。据说这本书
的出版让几乎被遗忘了的思想家杨简重新受到关注。
正如这些书籍的刊行所体现的那样，杨简本人留下了
很多著作，除此之外还有经书的注疏。他是和对著书
持消极态度的陆九渊、陈献章不同类型的学者。但他
的学说又继承了其师的心学，这和阳明学形成期的时
代思潮相吻合，成为当时广泛传播的思想。可以说，
这本书成了读书复兴时代的心学教科书。从《传习录》
下卷中的内容可以知道，王守仁也很快就读到了这本
书（上卷和中卷是嘉靖四年之前的内容）。另外，1500
年离世的陈献章几乎没有提到杨简，这一点也正好佐
证了杨简在当时几乎被遗忘的事实。吴与弼就更不必

说了。

对吴与弼来说人欲就是自身肉体的欲求。这一点与朱熹设想的人欲并无二致。但是，王守仁的时代所面临的人欲问题已经逐渐不再局限于此。消费时代的到来无疑刺激了人们对生活必需品以外之物的物欲。我认为，阳明学最初的社会作用就是通过控制无限膨胀的物欲使社会重新恢复和谐。

因此，"不同于朱子学的禁欲主义，阳明学肯定了人的欲望"之类的评价是片面的。因为两者所设想的欲望的内容是不同的。更准确地说，应该是宋代面临的问题和明代面临的问题是不同的。

3. 满街圣人

王守仁认为，格物不在于穷尽外在的道理，而在于纠正内心的人欲。朱子学面向外部、阳明学面向内在的理解由此而生。这种理解也并不能说是错的。

但是，如果从前述的脉络去重新理解的话，就会发现实际上更强调关注外物的修身养性论的是阳明学。否定八条目层层递进的属性，以诚意为核心将八条目视为一个整体的思考方式，意味着格物致知的实践常常是在齐家和治国的情况下进行的。可以说，正是因为抓住了这一点，才产生了阳明学是行动主义这种看似与上文自相矛盾的观点。

119

朱子学把道德修养和政治实践看作不同的阶段，而阳明学则从现地主义的立场出发，消除了两者之间的隔阂。他们所处的社会形势不允许人们只在书斋里玩弄文献知识。更严格地说，正是感受到这种困境的人们无法抑制的心情，促使他们跳出朱子学的框架，形成了阳明学。

在王守仁看来，宋代被程颐奉为"学以致用"的圣人是所有人都具备的人类本来面貌的表现。

> 一日，王汝止（王艮）出游归，先生问曰："游何见？"
>
> 对曰："见满街人都是圣人。"
>
> 先生曰："你看满街人是圣人，满街人倒看你是圣人在。"
>
> 又一日，董萝石（董沄）出游而归，见先生曰："今日见一异事。"
>
> 先生曰："何异？"
>
> 对曰："见满街人都是圣人。"
>
> 先生曰："此亦常事耳，何足为异？"

据《传习录》的记录者说，王守仁回答的不同是为了因材施教。不管怎样，"满街圣人"逐渐成为阳明学人性观的基本前提。

如上所述，这一时期的学者们或多或少熟悉《传习录》并受其影响。因此，虽然我们为了方便起见一直使用朱子学和阳明学的二元对立框架，但想要严谨地区分每个学者几乎是不可能的，而且意义也不大。

为了方便起见，我将是否相信八条目的递进性作为界定朱子学者的标准。如果承认"满街圣人"，那么从逻

王守仁对王艮（右）和董沄（左）的回答不同

辑上来说层层递进的修身养性就没有必要了。反之，阳明学遭受的来自朱子学立场的攻击也主要是围绕这一点展开的。

¹²² 4. 社会秩序的根本

泰州学派的杨起元继承了王艮的学说，对八条目的后半部分的关系做了如下论述。

> 家本齐也，因吾身好恶之偏而不齐。国本治也，因吾身好恶之偏而不治。天下本平也，因吾身好恶之偏而不平。（《证学编》）

这种"只要修身就能实现天下太平"的见解，当然并不表示他只是单纯地这么认为。社会中存在着各种复杂的情况，这些都是阻碍和谐秩序实现的主要因素。他不可能不了解这种最基本的政治现实。毕竟，杨起元在万历五年（1577 年）考中进士，是活跃在政坛的高官。

实际上，泰州学派的主要人物中许多都是名副其¹²³实的进士。王艮确实是庶民，但从数量上来说他是一个例外。当然，接纳这一派的人大多数未能成为进士，这在阳明学右派和朱子学中都是一样的。从这一点上来讲，泰州学派并没有显著的阶级特征。

上述杨起元的看法也并非象牙塔中不懂人情世故的学者的高谈阔论，而是根植在他真实的从政经验之上的。可以说，他的目的在于阐明政治核心问题的所在。

其他的阳明学者也表达过同样的观点。譬如，刘文敏就认为格物、致知、诚意、正心即齐家、治国、平天下，并以此论述儒家和佛教之间的差异。他认为佛教缺乏齐家之后的社会属性。前面提到的王时槐就是他的门人。王时槐也认为从诚意到平天下是一件事。

从拥护朱子学的立场来看，阳明学提出的这种观点过于乐观。这种观点不过是重复了朱熹所讲的八条目的递进性，并没有什么独创性，因此也几乎没有在思想史上引起太多关注。然而，我们也不得不去思考那些在阳明学盛行时仍旧坚持八条目递进性的人的理由。问题的关键在于齐家之后的第三个条目，即如何维持社会秩序的问题。

九

礼教和风俗

《天理和人欲》讨论了宋代和明代对欲望看法的差异以及明代朱子学和阳明学对这一问题的回应。本章将在此基础上继续探讨两学派的社会秩序观念。

1. 礼治思想

儒家视"礼"为社会秩序的根本。用现代的视角来看，儒家关于礼是上古时期圣王治理国家的主要手段这一观点，是不符合历史事实的、儒家内部的宗教性观点。但是，凡是信奉儒家的人，无论学派差异，都普遍将夏、殷、周三代的秩序视作理想，并以此来应对当下面临的现实问题。这是所有学派共通的立场。相较于道家的无为自然和法家的权力政治，儒家所倡导的是建立在精心设计的礼制基础上的政治，即礼治。孔子和孟子常常被称作德治主义者，但实际上，这是明治时期日本发明的说法，传统上称之为"礼治"。

用礼来进行统治的话，民众会受到礼的感化，自然不会做出偏离社会规范的行为。民众的生活状态称作"风"或"俗"。引导风俗朝着理想的方向改变被称为"移风易俗"。礼治的手法就是通过礼的教化来矫正风俗。

对欧阳修来说礼治最大的敌人就是佛教的蔓延。

佛法为中国患千余岁，世之卓然不惑而有力

者，莫不欲去之。已尝去矣，而复大集，攻之暂
破而愈坚，扑之未灭而愈炽，遂至于无可奈何。
是果不可去邪？盖亦未知其方也。（《本论中》）

他论述了根除佛教弊端的方法。这不是学说层面
的争论，而应是在社会风俗的层面进行的战斗。

追根溯源，佛教之所以能够深深渗透中国社会，
是因为它修订了自身的教义使之更符合传统的风土人
情（士大夫称之为"风俗"）。例如，积极构建原始印
度佛教中并不存在的祖先祭祀礼仪，甚至为此重新编
写了典籍。这些举措的成果便是到了唐代，许多社会
上的风俗习惯（据说）都源自佛教的教义，祖先祭祀
也更多采用了佛教的供奉方式。欧阳修的目的是追求
儒家思想的纯粹化，所以他批评了这种现状。诚然，
如第一章所述，儒家的纯粹化是站在宋代新潮流（欧
阳修自身也是这一潮流的领军人）的立场上叙述的。
这里所说的纯粹化，既不代表宋代以前的儒家学者认
为自己的思想是不纯粹的，也不是说从现代的思想史
角度看只有欧阳修才是孔子的继承人，而是指宋代儒
家思想的参与者全员共同拥有的自我认知。

在这一潮流中，宋学诸派展开了关于礼教的讨论。
他们都主张自己才代表儒家思想的纯粹形态，是孔子
的正统继承人。最后的胜利者是道学，其中朱子学尤
甚，因此我们往往戴着有色眼镜去看待这一过程。然

而，无论是王安石、苏轼，还是张九成、吕祖谦，都认为自己的学说是儒家正统。无论是从道学的角度认为王安石和苏轼的思想被佛教和道教污染，还是从朱熹的立场去批判张九成带有禅宗的色彩而吕祖谦又是杂学，这些都被看作党派间的相互批评。

2. 礼仪的重建

道学成立于北宋末期，朱子学是其中的一个流派。当时，儒家思想的主流是承袭王安石之流的新学，在政治上也作为支持新法党政权的思想拥有很强的力量。其政策的一个重要支柱就是"统一风俗"。徽宗时期的祠庙政策，一方面承认一部分民间信仰的宗教设施，授予其官方的名称和地位；另一方面将部分民间信仰的宗教设施认定为淫祀并加以破坏。这种恩威并施的政策体现了将民间信仰纳入国家管理之下的意志。这是因为国家打算对信仰实施一元化管理。

道学也沿袭了这一路线。不过，道学对民间信仰的容忍度比王安石学派更低，态度也更为严苛。比如，程颐就批判当时逐渐普及的城隍信仰是"经书中没有记载之事"。在他看来，既然经书中已经记载了社稷这个神，就没有必要引入新的神明。明太祖洪武帝在规定王朝礼制的时候，不仅恢复了早已废除的社稷祭祀，还首次以中央政府的名义正式承认了城隍神。这些都归功于智囊团里朱子学者们的进言。然而，被官方认可的城隍神并不是民间普遍信仰的人物形象，而是同社稷一样的非人格神。虽然这个制度被保留了下来，但实际上还是遵循了民间信仰的形式。这也适用于其他各种各样的神明。姑且不论实际效果如何，朱子学的基本立场就是要展现出一种打算全面管控的意志。

宋代之后，如何改善受到佛教等可疑教义影响的风俗成为儒家士大夫们的重要课题。他们往往是在经历双亲离世和操办葬礼守丧的时候才真正体会到了这一点。儒家记录婚丧嫁娶仪式的经书《仪礼》更是事无巨细地规定了葬礼和守丧的方式。但在现实中，严格按照规定进行实践非常困难，因此这些规范经常被简化。此外，实践的过程中还掺杂了各种佛教的要素——更准确地说是发生了让士大夫们认为被渗透的某些状况——都让他们觉得有必要重新审视和解决这个问题。这些讨论有时被写成文章，以可供他人参考的形式传播开来。这个问题不单单关乎他们自己，甚至能推己及人。他们希望能从社会层面上解决这个问题。

其中，朱熹的《家礼》作为一部涉及婚丧嫁娶的全方位指南，对近代的东亚世界产生了巨大的影响。尽管一直以来就有该书是伪作的说法，清代的王懋竑更是用详尽的实证令这个说法一度成为定论，但他不

过是从清代严谨的礼学立场和对朱熹的尊敬，认为

"如果真是朱熹所作，就不可能有这些杜撰的内容"，因此这种考证工作并不客观。反而是现如今认为《家礼》确实是朱熹本人所作的看法更具说服力。

正如总论旦明确记载"不可行佛事"一样，朱熹要排除的就是佛教礼仪。由于这本书是朱子学创始者所作，因此具有一定的品牌效应，自 13 世纪以来逐渐赢得了追随者的认可。此书不仅印刷流传，还出现了注解本。到 15 世纪中叶，丘濬补充了许多细节，汇编成更为详尽的《家礼仪节》，使其得到了更为广泛的传播。

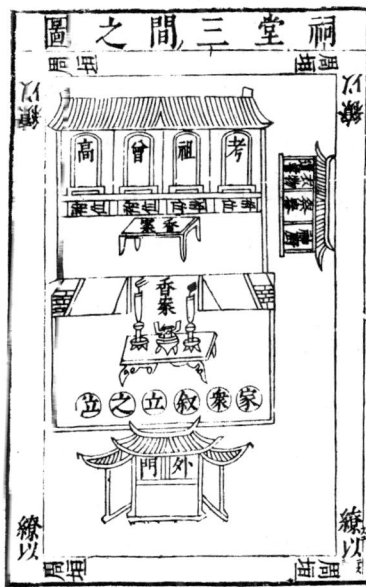

《家礼》祠堂图

祠堂是朱熹在《家礼》中提到的祭祀祖先的设施，
供奉着从高祖到考（父）的四代牌位

血缘集团的形成是《家礼》逐渐在社会中普及的基础。所谓的血缘集团就是宗族。"宗"和"族"的出处都在经书中有迹可循，是支撑夏殷周三代礼制的基石。宋代的新儒家面临的现实问题是，经书中扮演重要角色的宗族在现实中早已不复存在。欧阳修和苏洵（苏轼之父）编写了自家的族谱，范仲淹则购置了田地作为族产并称义庄。这些都是为了本应有却消失在现实中的血缘集团的重建而采取的措施。通过肉眼可见的族谱和创造经济基础，他们逐步创建出本不存在的宗族组织。更为重要的是，范仲淹、欧阳修等士大夫领袖的推动为后继者树立了规范。《家礼》就是在这样的背景下出现的，给予宗族组织以礼制上的行为规范。

关于为何这一时期宗族得以形成的问题，尽管包括社会史和经济史领域在内的多个领域提出了各种解释，但至今尚未形成定论。只能说，宗族的形成在社会规范的层面上确实促进了朱子学的传播。

131　　宗族是实现齐家的地方，也是个人的身体连接外部政治秩序的场所。朱熹在《大学》中对这一问题的注释表明，公平是家长应当具备的素质，家——宗族——则是小型的政治单位。换言之，对朱熹来说，齐家的"家"并不仅仅只是家庭经济的单位或者进行性生活的地方，而是指更大的人为血缘集团。

3. "乡"序的构建

现存的朱熹关于礼的著作除《家礼》之外还有《仪礼经传通解》。这本书以《仪礼》的章节为基础，编纂时还加上引经据典并配上郑玄及其他学者的注释。其构成从冠礼、婚礼等家礼开始，逐步扩展到邦国礼和朝礼这些治国平天下的内容。两者之间还夹杂有汇集学校相关事项的学礼篇目和与之并肩的乡礼篇目。

"乡"这个字一直以来常被用来指代介于"家"和"国"的中间领域。譬如《老子》中就有相关的叙述。朱熹在《仪礼经传通解》中，将经书中在"乡"这一场所进行的礼放在了这里。乡礼也就和朱熹一直关注的乡约联系在了一起。

乡约并不是古来有之的。最初见于《吕氏乡约》，这是张载和程颢的学生吕大临兄弟为了在自己的家乡实施而制定的规约。通常我们认为这些文章都出自吕大钧之手。乡约的规矩一共有四个：

　　　　德业相劝，过失相规，礼俗相交，患难相恤。

之后的内容便是对这四点的细化。朱熹修改了《吕氏乡约》并做了大量的普及工作。所谓乡约，是指生活在当地的士大夫作为地方的领导者，为了将周围

132

的居民团结在一起，令当地风俗变得淳朴良善而想出来的一种手段。

另外，地方官朱熹非常重视福州知事陈襄颁布的谕俗文。该文对居民的日常生活态度等都做出了详细的指示。第五章介绍的明太祖《六谕》也是基于乡约的理念和谕俗文的传统。简而言之，就是出自朱子学式仁政思想的教化风俗的告示。

王守仁在平定江西南部的农民起义后，作为重建秩序的政策的一环发布了被称为"南赣乡约"的告示。需要注意的是，"南赣乡约"和朱熹的"增损吕氏乡约"不同，是以地方官的身份发布的。这意味着即便
133 它更接近于谕俗文，但其内容到底还是乡约。换句话说，这是由地方官员主导并试图重新建立当地的礼教秩序。此外，还有一个叫十家牌法的基层组织支撑着王守仁政策的实施，通常也被称作保甲。在全国范围推行保甲法并因此遭到猛烈抨击的正是王安石。明太祖的里甲制继承了王安石的政策，而王守仁施行的保甲制则是从执政者角度去推动里甲制的重组。由此可见，并不能简单地把阳明学看作以民众为主体的思想。王守仁始终是从执政者的角度探索应有的社会秩序。同样，泰州学派颜钧的弟子罗汝芳也是以宁国府知事的身份施行乡约的。

此后，为了维持社会秩序，乡约和保甲以一体化的形式继续施行。原本属于湛若水学派的许孚远，既

是积极推动乡约保甲制的地方官，同时也是无善无恶论者。刘宗周也曾向他学习过。也就是说，黄宗羲是许孚远的徒孙。

在明代，推动乡约传播的不仅限于心学派人士。曾与王守仁争辩过的朱子学者黄佐，辞官后回到家乡广东香山县居住的时候，将保甲、社仓、学校和里社的功能融入乡约之中，并编纂了综合保障地方秩序的制度《泰泉乡礼》。事实上，早在数十年前，黄佐故乡相邻的新会县的地方名士陈献章也曾协助知县制定了"礼式"。虽然"礼式"已经消失，其内容也已无从知晓，但还是可以推测它的内容应当是以《家礼》或《吕氏乡约》为范本并与《泰泉乡礼》类似。

也就是说，在如何管理地方秩序这一层面上，朱子学和阳明学的差异并不重要。虽然两者在关于"心"或者说在对《大学》的解释上表现出如此尖锐的对立，但在这一点上并没有明显的区别。因此，明代乡约的盛行与阳明学的特质并没有直接的联系。问题不在于阳明学是否推动了乡约的传播，而在于不论何种流派都能看到这样的动向。或许并不是阳明学的心性论产生了这种社会秩序的构想，而是对理想社会秩序的追求成了阳明学心性论的基础。

综上所述，在谈论陈献章和王守仁的心学时，有必要将他们的秩序意识纳入视野。两者并不是在不同层面被讨论的。当然，从陈王两人的思想中断章取义地攫取自己的精神食粮是广大读者的自由，但这样的理解已经偏离了当初两人经过深思熟虑后得出的结论。如何构建理想的礼教秩序？即便是这些被称作心学的流派，他们最初的问题意识也在于此。无论是对明代的这些思想家还是清代的人们来说，朱熹努力整合的修己治人论都是一个重要的课题。

十　理与气

前章以《礼教和风俗》为题，探讨了朱子学和阳明学对社会秩序的构想。本章从关键词"理"与"气"出发，介绍朱子学和阳明学的宇宙论并讨论两者的差异。

1. 理的世界观

朱子学试图用理和气这两个不同的原理来解释世界的各种现象，因此多被称为理气二元论。但是，如果是从西方思想的传统理解去看待这种二元论式的区分的话，恐怕会引起误解。在西方，广义来说在"西方"文化中，二元论通常指这个世界上善与恶的对立以及由此映射出的精神与肉体的关系。在这个关系里，两者并存且从价值的角度来说是相互冲突的。然而，朱子学中的理和气并不是这种意义上的两个元（即起始），而是一种互补的关系。

136

"气"是比"理"更脍炙人口的日常用语。众所周知，汉代以后"气"被用来说明森罗万象的原理，并且在医学书籍和占卜术中也频频出现。道学也属于这一语言体系，因此二程语录中出现这个词并不奇怪。

论性，不论气，不备；论气，不论性，不明。一本此下云："二之则不是。"（《河南程氏遗书》卷六）

朱熹将这段话用作《孟子集注·告子上》中孟子批判各种性说的注释。这同下文引用的张载的言论一起，成为天地之性和气质之性的两种定型化表述，两者互为表里用以弥补孟子性善说的不完善之处。从性即理的角度来看，上述观点是在解释理与气之间不即不离的关系。朱熹将这句话放在这样的语境中，以此把理和气结合起来。

此外，这个例子既映射出朱熹一贯的思维方式，也表明二程时期还未曾进行如此缜密的体系化。"如果人人之性皆善，那为什么还需要后天的修身养性呢？"朱熹回答了这个难题。构成现实世界元素的"气"成为朱子学宇宙论中不可或缺的概念。

朱熹为了与理气论相整合，整理了前人的各种学说。邵雍的"数"和周敦颐的"太极"被重新解读为"理"，而张载的"太虚"则被视为根源性的"气"。当然，这是强行以二程

137

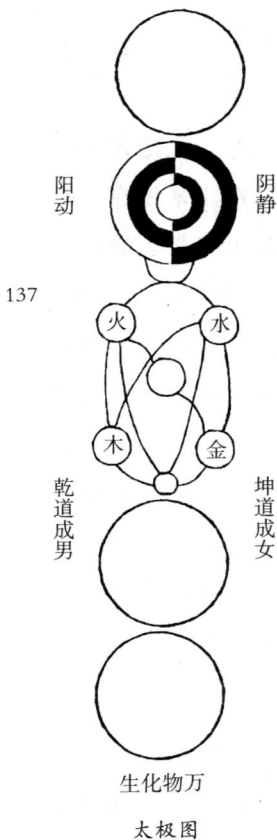

阳动　阴静

火　水

木　金

乾道成男　坤道成女

生化物万

太极图

学说为标准的整理，特别是将周敦颐的太极概念从传统的（并且可能是周敦颐本人理解的）气的维度提升到理的维度，这引起了道学派内部极大抵触，也成为陆九渊和朱熹争论的主要论题。

2. 理与气的关系

可以预料的是，对同时代的人来说很难马上就理解朱熹的解释。门人曾向朱熹询问理和气的关系。这些问答被放在《朱子语类》的开头，成为用理和气来解释整个世界的朱子学系统性的象征。然而，这些问答并不是在问"什么是理"或者"什么是气"，而是要求朱熹明确两者之间的关系。理和气都是日常用语，不需要再一一解释。对他们而言，难以理解的是朱熹将两个毫不相干的词语联系起来的方式。讨论的焦点常常在于理和气孰先孰后。这就是所谓的理先气后的争论。照例，此处也请朱熹门下最擅长缜密论述的陈淳登场。

问："先有理，抑先有气？"

曰："理未尝离乎气。然理形而上者，气形而下者。自形而上下言，岂无先后？"

本夹，从朱熹立论的本意来看，理气论是为了把传统的"气"用作"理"在现实世界中的呈现，通过这一方式树立一个综合的世界观。朱熹从老师李侗那里学习了程颐的理一分殊，以及分殊在儒家世界观中的重要性。为了更好地解释这种世界观，朱熹引入了气的概念。朱熹构建了一个此前道学中未曾出现过的理气相即的哲学体系。

因此，从朱熹的观点来看，理和气的先后顺序只是次要的问题。但是，对于他的听众来说，越是佩服朱熹将他们熟悉的概念清晰地整理出来的手法，就越想探究到底哪一个才是根源。朱熹被迫面对这样二选一的问题时，只得赋予理以优先的地位。这些问答应该在这种紧张关系的前提下进行理解。

不过，随着朱子学的普及，"理先气后"逐渐被作为一种缺乏思辨的知识来传授。这样一来，自然引发了一些学者的质疑，他们主张"理不过是气的条理，无法脱离气而独立存在"。与王守仁同时代的罗钦顺和王廷相被认为是赋予气以根源性世界观的思想家。在阳明学中，黄宗羲等人也接近这一立场。另外还有一种论证方法是尝试从二元论的角度去解释理和气之间的关系，认为理本应是纯粹的善，而世界上之所以有恶是因为气的缘故，这种是提倡理善气恶的学说。朝鲜的所谓主理派和日本的闇斋学派都属于这一类。

前者是把理和气如何结合作为课题，倾向于重视气；而后者为了解释恶的起源，强调理的至善属性。

虽然两种观点都是对朱熹提出的构图的变形，但在理气论的框架下两者成为相互对立的理论。如果我们在强调思想家的特征时按这种方式去整理，那么从宋到明的儒家思想似乎已经被理气论主导了。但是，这种理解方式可能会扭曲当时整个思想潮流的全貌。

3. 鬼神论

正如第八章《天理和人欲》中所述，二程和朱熹借助天的权威颂扬理，其中包含对天的绝对信赖。朱熹将天解释为三个方面，即主宰的一面、理的一面和天体的一面。通过借助当时人们对天之主宰性的普遍信仰，朱熹为其理学思想的核心——理的正当性提供了依据。然而，到了明代的薛瑄，却再没有提及其中的主宰之天。

我们该如何看待这样的变化呢？在薛瑄的时代，141
朱子学理的思想已然成为常识，因此在他所处的学术环境中天已经不需要主宰性了。不过，这样的情况仅限于他所处的环境之中，普通百姓依然抱有对拥有主宰意志的天的信仰。在朱子学的言论中，天之所以成为问题，往往是因为天处在作为信仰对象的环境中。

朱熹在古代儒学传统的基础上，将天观念作为自己学说的根基。此中关键就是如何与民众信仰的天神观念相结合。在经书的文字中有一种朴素的对天神信仰的表达，这可能是那些书写经书的人们的信仰。如果直接承认这一点，就相当于承认了与朱熹同时代民众的信仰。例如，经书中记载周文王死后侍奉在上帝身边，他是这样解释的：

> 如今若说文王真个在上帝之左右，真个有个上帝如世间所塑之像，固不可。然圣人如此说，便是有此理。（《朱子语类》卷三）

通过"便是有此理"的解释来淡化天之主宰性的说法，对于那些接受朱子学思维的人来说是一种既定的前提。不同于朱熹在理和主宰两个方面都加以考量的方式，像薛瑄这样的后世朱子学者更倾向于将这一观念与理结合起来，同时也将其视为具有物质形态的天体。这种双重解释在某种意义上是理所当然的。然而，与民间信仰中天的观念之间的冲突仍然是一个持续存在的问题。

正如前章《礼教和风俗》中所述，到了宋代，人们开始追寻民间信仰的各式神祇的来历，并试图区分正祀和淫祀。道学也参与了这一潮流。张载为了从理论上说明鬼神的存在，提出"鬼神乃阴阳二气之良能"的说法。良能是《孟子》中与良知并列出现的一个概念，意思是事物的本质功能或作用。朱熹继承了这一观点。

在祖先祭祀中，祖先的灵是否真的来到了那个地方，抑或是根本没有这样的事情呢？对此朱熹是这样回答门人的疑问的：

> 人祭祖先，是以己之精神去聚彼之精神，可以合聚。（《朱子语类》卷三）

以及对〈论语〉中孔子所说的"祭如在，祭神如神在"这样解释：

> 这里尽其诚敬，祖宗之气便在这里，只是一个根苗来。如树已枯朽，边傍新根，即接续这正气来。（《朱子语类》卷二十五）

既然神灵是不可见的，那么感受到其真实存在的就不是视觉。也就是说，神并不是以具体的形态出现在我们眼前的。理论上，前一章中提到的朱子学对偶像的排斥正是来源于此。能够感知神的存在，是因为祭祀者和被祭祀者之间产生了感应关系，即气相通。如果祭祀者与神之间没有这层感应关系，也就是气不相通，那么神就不会接受祭祀。朱熹通过这种方式合理化了祭祀的过程。

从另一个角度考虑，气总是在不断地聚合和离散，单个祖先或鬼神的气不可能永远保持不变地存在，这与朱熹的理论自相矛盾。因此，朱熹有时不得不牵强附会，认为离散的气可以通过祭祀者的诚意重新聚集。

原本，在朱子学的逻辑里，祭祀的正当性是经学赋予的。只要是儒家思想的一部分，就不能说它毫无意义。这与单纯依靠逻辑支撑的哲学思维有着本质上的不同。朱熹提出理和气，是为了系统且一致地解释孔子之后的学说，而不是仅仅基于自己的思考去解释宇宙万物。理气论一旦与鬼神论发生矛盾冲突，他就必须迂回地避开前者。或者说，他是有意做出这样的选择。在这个意义上，朱子学是儒家的神学，而非以自身逻辑为主的哲学。

4. 对待科学的态度

同样的道理也适用于朱熹对天文学和历法学的兴趣。从《朱子语类》中可以看出，朱熹在这些领域造诣深厚。元代的郭守敬在制定授时历时，也是依托于朱熹的理论并获得了当时朱子学者们的协助。这一历法融合了朱子学的宇宙论。

在拥有天命思想的中国，天文知识原本是宫廷秘传，通常不容民间的学者置喙。从这个意义上讲，《朱子语类》第一卷中记载了大量关于天文学的问答这一点则显得有些不同寻常。从提问者的话中可以推测，这些问答并非来自对天文学的纯粹兴趣，而是只有当

讨论经书中关于天的记载以及天体异常现象的时候才
被拿出来讨论。

如果仅按照从《朱子语类》中单独整理出来的内
容来解读，这些史料确实佐证了朱熹对科学的兴趣。
然而，这并不意味着他将这些思考当作首要任务布置
给门人。实际上，门人们经常向朱熹请教一些非常基
础的问题。

> 问："自古以日月之蚀为灾异。如今历家却自
> 预先算得，是如何？"
>
> 曰："只大约可算，亦自有不合处。有历家以
> 为当食而不食者，有以为不当食而食者。"（《朱子
> 语类》卷一）

在专家中间日食和月食的原理早在几百年前就弄
清楚了，并且已经能够进行预测。但是因为儒家神学
的学说认为天变地异是天命的显现，所以机械性地解
释所有现象便是不合时宜的。即便是否定天人相应说
的王安石，当预测的日食未能如期观测到时也会向神
宗皇帝上奏祝贺。在上面的引文中，朱熹也谨慎地提
到了日食的异常现象。不过，门人们提问的意图似乎
只是单纯地好奇预测为何可能。

如前所述，现行的《朱子语类》是从理气论开始
的。这可能是因为制定这一形式的门人黄士毅高度评

价了朱熹用理和气来解释世界的意图。然而，南宋至明初流传的其他各种朱熹语录中，心性论通常被放在开篇并作为中心话题。因此，当时的读者可能形成了一种不以理气论为核心来理解朱子学的方式。心学的流行也是源于此点。

王守仁本可以选择反对朱子学宇宙论的学说，直接否定朱熹的理气论。然而，他所关注的问题并不在这里。他以朱熹所说的理和气的世界为前提，在心性论的领域提出了不同的见解。阳明学也因此没有形成足以匹敌朱子学的理气论。

不过，格物穷理的传统为西方天文学的引入创造了条件。明末天主教传教士们带来的知识抓住了包括徐光启在内的不少士大夫的心。当然，也有很多人顽固地拒绝这些知识。这并不是因为朱子学本身具有排他性，而是因为他们把既成的理气论本身当作信仰的对象。对格物致知的关注，并不一定意味着绝对化朱熹的学说。事实上，一些朱子学者和阳明学者展现出了灵活的思维，积极吸收来自西方的更为合理的观点。最具代表性的就是在"科学"一词从日本传入中国之前，science 一直被翻译为"格致"。这表明，虽然心性论有时仅仅把理气论看作支撑理论的一部分，但并不代表整个朱子学和阳明学都是如此。

十一　思想史上的唐宋变革

从第六章至前章共五个章节里，我们通过比较朱子学和阳明学的学说内容，大致梳理了宋代至明代的思想潮流。从本章开始，我们将探讨这些思想史上的发展所具有的意义。

1. 什么是唐宋变革

中国史研究领域存在一个"唐宋变革"的议题。学者们认为宋代之后的时代特征相比至唐代为止的时代特征发生了质的变化。唐代到宋代这一时期的变化是一种更深层次的社会、经济和文化的变动，而不仅仅是王朝的更迭。然而，这并不是说随着宋朝的建立即刻就出现了翻天覆地的变化。

实际上，正如第二章《士大夫的时代》中所述，11世纪中叶的庆历年间是一个分水岭，思想文化开始出现新的趋势。欧阳修领导的古文运动是这一趋势的代表，唐宋八大家中有六人活跃在11世纪。欧阳修在一篇文章中提到，胡瑗、孙复和石介三人皆是经学领域的新锐。朱熹和黄宗羲继承了这一看法，后来三人被称为"宋初三先生"。将活跃在宋朝开国80年后的人们冠以"宋初"一词，可以再次确认这一时期思想史上出现的断层。

特别是胡瑗作为程颐的老师也起到了很大的作用。程颐对年少时期的家庭教师周敦颐以字"茂叔"相称，

149

而对胡瑗则称之为"胡先生",以表达更深的敬意。

胡瑗将"明体达用"作为学问的核心目标,把学生分为研读经书的经义斋和行政事务的治事斋。不过,他的理想是实现两者的统一。"明体达用"是指将事物分为体(根本)和用(功能)两个方面,并追求两者的统一。这一理念后来发展为程颐用佛教术语提出的"体用一源,显微无间"(体和用本质相同,可见的和不可见的之间没有区别)和朱熹的"全体大用"。这种把体和用解释为不即不离关系的理论似乎来源于佛教,但宋代以后已经成为儒学中不可或缺的一部分。真德秀在他的著作中也采纳了这一思路。他视《心经》为体,《政经》为用[1],在《大学衍义》中认为修身为止的阶段为体,齐家之后的阶段作用。这种观点对应到朱熹的修己治人理论中,则是修己是体,治人为用。

从时间上来说,毫无疑问"宋初"——北宋167年的历史中宋初的80年几乎占据了其中的一半,所以称之为"北宋前半期"或许更合适——是一个模仿唐朝的时代。自唐玄宗统治末期的安史之乱以后,宋朝开始平息长达两百年的政治动荡,逐渐建立起稳固的中央集权体制,其目标就是恢复大唐盛世,特别是唐太宗和唐玄宗治下的繁华。在经学方面,第三代唐真

---

1 《心经》为真德秀编纂的儒家论心格言,以各家议论为之注。其书大旨以正心为本,以持敬为要。《政经》为真德秀编纂的儒家治政的言论,并辑录前人有关国家治理的史实。——编者

宗时期（大约10世纪末至11世纪初），计划对《五经正义》进行了修订和增补，并利用唐太宗时期尚未实现的木板印刷术，刊行了12部经书的注释。这一壮举集汉代以来经学之大成，现在广泛使用的《十三经注疏》就是清代的校订版（需要注意的是，在此之前的五代后唐时期就已经印刷了九部经书。此外，宋太宗下令刊行佛教的大藏经，北宋末期的徽宗则刊行了道教的道藏）。

真宗时期的并不是《十三经注解》，因为其中并不包含《孟子》。虽然没有确凿的证据，但从朱熹的证言可以推测，据称是孙奭所作的《孟子疏》实际上可能是南宋时期由于民间出版社的安排，才与其他12部注释书一同出版的。因为是王安石政权将《孟子》作为经书的。

"宋初三先生"的经学特点在于回溯汉代以来训诂学的方式并进行反思。这种思考方式类似于欧阳修的古文运动。欧阳修以在经学上提出新问题而闻名。11世纪后半叶，是对以经学为中心的儒家学说进行全面重新审视的时期。二程的道学就是在这种氛围中诞生的众多新潮流之一。我们常说的"唐朝的韩愈是道学的源头"从结果来看是正确的，但如果按照时间的顺序来看的话，这种结果绝对不是必然的。因为当时还有很多其他的可能性。

王安石的新学和苏轼、苏辙兄弟的蜀学是与道学

151

相抗衡并在南宋保持影响力的学派。最典型的就是这三人被列入唐宋八大家之中。虽然在教科书中，王安石被归为政治家，苏轼是文学家，程颐则被视为思想家，但考虑到当时士大夫的生活方式，这种分类应是一种误解。这三人——或者苏辙、程颐以及王安石的儿子王雱，共六名代表三派创始人的人物——都兼具这三方面的特质。王安石因担任宰相，更多的是以政治家的身份发表言论和采取行动；苏轼重"文"，所以留下了大量文学作品；程颐受到朱熹的推崇，在朱子学道统中稳固地占据了思想家的地位。尽管他们各自留下了这些经历，但三人都是在经学方面有着突出贡献的儒家学者。

152

此外，道学本身也吸收了与二程有直接交流的张载和邵雍的思想以及他们的后继者们的学说，从而得到扩大和发展。朱熹的道统论，则在这四人的基础上增加了二程的老师周敦颐。不过，把他们称为北宋五子并看作北宋儒学史代表的观点只是朱熹创造的历史叙事，换言之，这只是朱子学内部的约定俗成。此外，司马光尽管在思想上保持了庆历以前的风格，但由于在政治上反对王安石并与程颐等人合作，因此在道学中也获得了很高的评价，遂也加上他并称北宋六子的说法。另外，还有一种将周敦颐、二程、张载和朱熹各自在濂溪、洛阳、关中和闽地的活动称为濂洛关闽学派的方式，这种对道学的论述方式同样也是朱子学内部的一种传统。

我们从阳明学也继承了这一点可以看到，这两个学派是同根同源的。仅从朱子学胜利后的角度回顾北宋时期的话，就无法准确把握最初出现朱子学和阳明学时的状况。我想让诸位牢记的一点是，把这个过程简单地归结为"道学由周敦颐创立，再到朱熹时大成"的说法已经不再适用了。

2. 王安石的定位

朱熹早期的作品中有一篇《杂学辨》的文章。在这篇文章中，他批评了苏轼对《易》的解读、苏辙对《老子》的解读、张九成对《中庸》的解读以及吕本中对《大学》的解读。这些批评又反证了上述注释在朱熹年轻的时候具有相当大的影响力，他本人也曾认真研读。朱子学胜利后，由于朱熹的批评，这些著作不再是士大夫的阅读对象。但是，在朱子学形成的过程中，我们也不能忽视这些经书解读所具有的权威性。朱熹的门人兼学友何镐在为这篇文章撰写的跋文中这样写道：

> 而其学乃不知道、德、性、命之根原，反引老庄浮屠不经之说，而紊乱先王之典，著为成书以行于世。后生既未有所闻，必以其人而尊信之，

渐染既深将如锢疾，可不哀乎？

154

王安石

朱熹学与阳明学

150

朱熹等人对驱逐在儒家思想内部流行的异端邪说抱有强烈的使命感，特别是针对王安石的思想。王安石与朱熹的关系一直以来受到众多学者的关注。随着道学中心史观——毫无疑问这是朱熹亲自构建的——桎梏的解除，王安石被视作掌握北宋思潮的关键性人物。需要反复强调的是，王安石的新学才是北宋后期的学术主流。

在政治路线方面，朱熹对王安石的新法政策总体上持批判态度。最常被当作佐证的就是朱熹关于社仓的文章。朱熹在这篇文章中论述道：王安石的青苗法是通过中央政府的法律强制性地规定为义务，也因此产生了弊端；而社仓则是依靠地方有识之士的力量自发推行的，所以更为优越。换句话说，王安石追求自上而下的中央集权，而朱熹则倾向于尊重地方有识之士，即地主阶层的自主性，通过他们来构建社会秩序。朱子学之所以获得来自士大夫的支持，也是因为其理论基础包含了确立个体主体性的学说，并以此作为社会秩序构想的基石。

只有理解了上述背景，才能真正了解从第六章到前一章中介绍的朱子学之学说的内容。道学自形成之初就承担了批判始于王安石的新党政治路线，以及在学术上对抗支持新法政策的新学的使命。朱熹就是这一使命的继承者和集大成者。

不过，王安石和朱熹之间的关系并不止步于此。在道学一派中，朱熹占据着相当特殊的地位，尤其是他对训诂学的偏好。他在道学内部的权力斗争中向张九成、胡宏及其门徒发起挑战时所使用的正是训诂这一武器。

训诂学一般是指从汉代到唐代的经学研究方式。宋代的新兴流派普遍认为，通过汉代以来的训诂学无法充分理解圣人的写作意图，因此他们致力于直接研究经书。教科书中常用"对经书进行自由且主体性的解读"来描述这种方法。欧阳修被看作这一风潮的开创者，而"宋初三先生"的经学讲义据说也把学生个人的主体性修身养性视为教育目标。道学及其分支朱子学也是在这种风潮中诞生的。因此，通常我们认为他们对传统训诂学持批判的态度。然而，事实远比想象更加错综复杂。

新学作为新兴流派对汉代以来的经学持批判的态度。其成果就是王安石父子编撰的《三经新义》，亦即《周礼》《尚书》《诗》的注释书。遗憾的是，这些注释书由于后世的批评，未能完整地保留下来，到明代就失传了。清代开始推进这些著作的复原工作，如今有中国台湾学者辑录的版本出版。此外，王安石还撰写了《字说》，旨在替代《尔雅》和《说文解字》，成为官方编纂和发布的标准书籍。正因如此，这些书籍才得以流传至今。不过，新学谱系中第二代、第三代学者所撰写的一些经书注释中有部分作品流传至今。从这些作品中我们可以看到，新学形成了一个有别于汉代经学的新训诂学体系。朱熹的学风也继承了这一点。

这不是关于朱熹学说的内容如何受到新学影响的问题，而是说通过逐字逐句解释经书的内容来阐述思想体系的手法同新学类似。《四书集注》就是一个典型的例子。这种方法可以上溯至郑玄的经学风格。郑玄是集汉代训诂学之大成者这一点已无须赘言。从这一点来看，朱熹的方法可以说已经偏离道学中的经学方式。朱熹是一个异端，正因如此他才能对张九成等道学正统提出异议。

这就是朱子学和阳明学在学术上的差异。也正是因为有着这样的背景，王守仁从某一时期开始高度推崇陆九渊，最终他的门人弟子们又建立了陆王心学的谱系。从历史的角度来看，阳明学指出朱子学过于偏重"道问学"从而忽略了"尊德性"——朱熹自己也倾向于承认了这一点，并主张回归程颢以恢复道学本来面貌的论调是正确的。王守仁完全没有进行经书注解——唯一勉强可以算作相关著作的只有《古本大学说》——的情况同程颢和陆九渊类似，从对抗郑玄的训诂学和王安石的新学之学术的道学定义来看，这也算是它本来的面貌。道学因朱子学之集大成而成为官学，这同时也意味着道学性质的改变。

3. 对孟子的褒奖和君臣论

同为宋代新兴流派的新学和道学也有一些共通之处。譬如，在天观念的问题上，把天看作"理"的想法就和王安石一致。在这里，我将介绍另一点，即对《孟子》的推崇。

王安石政权将孟子定为孔子的正统继承者。在科举考试中，《论语》和《孟子》成为必修的经书，考生们通过学习以新学方法编写的注释书来准备进士考试。司马光和苏轼为了对抗这种风潮撰写了批判孟子的文章。

然而，同样是旧党成员的二程却和王安石一样推崇孟子。道学家们在这一影响下撰写了许多《孟子》的注释书。朱熹从批判的立场总结了这些注释，并最终汇聚成他的《孟子集注》。从那以后直到现代，《孟子》和《论语》一同成为儒家思想的经典著作。

孟子主张的王道思想、仁义论和性善说是支撑道学政治思想、秩序构想和人性观的基础。道学从《孟子》中获得了无法从《论语》和《荀子》中得到的思

158

想遗产。但是，《孟子》中也包含了一些对于道学来说非常棘手的学说，其中之一便是革命论。

司马光等批判孟子派的论点也在于孟子对君臣关系的忽视。确实，孟子向战国时代的诸侯宣传殷周革命正统性的形象并不适合政治秩序已经稳定的宋代社会。张九成在注解《孟子传》的相关部分中曾直言不讳地表达了自己的不适。朱熹在《孟子集注》中将孟子的革命论限定为对君王的警告，并明确指出这不是给臣子的学说。即便朱熹的努力冲淡了孟子的危险性，明太祖仍然推广删去涉及革命论章节的版本。孟子的学说在某些方面和朱子学的君臣论是背道而驰的。

君主独裁体制的确立是政治维度上的唐宋变革。
159 "独裁"一词用在这里是否恰当还有待讨论，但与唐朝相比，君主和其他人之间的差距明显拉大，皇权的性质确实发生了变化。这一变化受到了各种政治理论的影响，其中最典型的就是宋朝之后王朝更迭的方式不再是传统的禅让。这就意味着君臣的名分被严格区分开来，从形式上来说臣子已经无法通过和平的手段取代君王。这就是俗称的大义名分论。

与此相关，欧阳修和司马光在他们的史学研究中所坚持的一个观点就是正统论。这是讨论在多个王朝同时存在的过去，哪个王朝应当被视为正统的问题。仁宗驾崩后，旁系出身的英宗即位，关于其生父身份的濮议之争也来源于此。在濮议之争中，欧阳修等政府官员和司马光等负责谏言的官员之间展开了一场基于经学的激烈辩论。

另一个与之相关的是华夷思想。自开国初期以来，宋朝一直与契丹族的辽国对峙。宋朝在面对这一非汉族王朝时，一直试图通过强调自身的优越性来维护文化和民族的自尊。如果用现代语言去表述这种优越性的话，可以称之为汉族的民族主义。宋真宗时期签订了和平条约之后，军事上的劣势导致了外交上也处于下风，因此在国内流行起了更加强调自身优越性的观点。到了南宋，华北的沦陷进一步增强了对女真族建立的金国的文化优越感。

代表性事例就是三国时期的蜀汉正统论。魏国的曹丕是篡位者，后汉献帝的继承者是宗室成员刘备，这就是大义名分论。基于这个理论提出了蜀汉才是正统王朝。司马光在《资治通鉴》中视魏为正统，而朱熹在《通鉴纲目》中则改称蜀汉为正统。司马光和朱熹在这一问题上的分歧，反映了失去华北的南宋对实际控制中原的金宣示自己正统性的迫切需求。这样的讨论显然对日本的水户学产生了深远的影响，成为朝幕关系论和南北朝正闰论的导火索。

南宋最后的宰相文天祥拒绝向忽必烈投降，体现了宋代士大夫的这种气概。顾炎武、黄宗羲等明朝遗臣的精神支柱也是这些理论。与他们同一时代的王夫之甚至用更加激烈的华夷思想痛骂满族统治的清朝。

他是一位直到清末被曾国藩重新重视之前一直默默无闻的思想家。大部分的书籍中记载南宋王朝的覆灭是在 1279 年的崖山之战，而不是临安（杭州）陷落的 1276 年。这是自清末以来汉族民族主义复兴的趋势下形成的历史观，也可以说是沿用了宋代形成的名分论、正统论和华夷思想的体系。唐宋变革所带来的思想大变动在当今社会仍然有着重要的意义。

十二　儒释道三教之间的关联

《思想史二的唐宋变革》介绍了朱子学诞生的背景，特别是与王安石之间的对抗关系以及推崇孟子的趋势，并讨论了与此相关的君臣论和华夷思想。前一章的讨论主要是在儒家思想的框架内进行的，本章则在此基础上进一步探讨与佛家和道家的关系。

1. 三教的成立

中国把儒、释、道并称为三教。据说，这个叫法是在公元 5 世纪的时候确立的。

原本是诸子百家之一的儒家，在前汉时期获得了国教的地位，由此成立了儒教。它以皇帝主持的国家祭祀为核心，通过系统化儒家思想中发展出来的各种礼仪，形成了一种伴随着完善礼仪秩序的政治教义。在汉代文献中，它被称作"德教"。

佛教在汉代最初传入时被当作一种神仙思想，认为仅仅是崇拜释迦牟尼神。直到晋代，佛教经书才被翻译成汉语，其教义内容也逐渐被理解。在公元 4 世纪末，西方的学僧通过丝绸之路纷纷来到中国。他们在各地王权的庇护下推动了典籍的翻译工作。至此，像庐山慧远这样的中国僧侣开始组织教团，并与世俗王权对峙。不过，这种行为并不是在反抗权力，而是认为佛法能够支撑王权，希望承认佛教教团的特权。在他们解释的佛教中，创立佛教的释迦牟尼被视作在

162

世间称王的圣人，典籍则是指导人间秩序的书籍。sūtra被翻译为"经"就是刻意比照了儒教的经典，表示这些书籍不仅仅是传授教义，还有圣人对后世的教诲。

道教与两者（儒、佛）相比，反而是一个后起的教团。当然，道家思想、神仙思想或使用符咒进行的祈祷和咒术等作为其源头，在战国时期都具有一定的影响力。公元2世纪的东汉末年，太平道和五斗米道整合了这些思想，形成教团组织，并对政治有着巨大的影响力。众所周知，前者是黄巾之乱的起因。我们通常将这些看作道教的起源。不过，"道教"这一名称直到公元5世纪的文献中才得以确认。"儒教"和"佛教"的称呼也是为了与其他的"教"进行区分和比较才开始使用的。因此，也可以认为三教的确立都是在这一时期。

此后，虽然景教（聂斯脱利派基督教）、祆教（琐罗亚斯德教）、摩尼教、伊斯兰教甚至罗马天主教等从西方传入，但直到19世纪之前以"三教"体系理解思想文化的模式一直未曾动摇。中国境内居住着大量的基督徒和穆斯林，但他们被归为信奉"夷狄"教义并与中华教义的"三教"区分开来。

然而，三教中的佛教原本是印度释迦牟尼传授的教义，这一点在中国也时常引发争议。儒教和道教在抨击佛教时，总是以佛教是夷狄的教义与中华文化并

163

不相容为根据。对此，佛教也通过各种形式进行了反击。事实上，佛教传播到中国的过程中，经历了诸如融合祖先祭祀等变革。正是由于这些变革，朱子学者之间甚至出现了诸如"佛教盗用了儒教的道具"这样的声音。

2. 排佛论的框架

魏晋南北朝隋唐时代通常被认为是宗教的时代，佛教和道教非常之兴盛。尽管儒教并未衰退，但其作为教义的生命力相对薄弱，因此人们纷纷转而信仰佛教和道教以寻求内心的平和。面对这种风潮，儒教的反击便是韩愈的排佛论以及宋代的新兴儒教。

这种看法并没有错。但是，我们不能忽视的是，将魏晋南北朝隋唐时代描绘成那副模样的正是宋代的儒生们。他们把儒教的复兴作为展开新学说的动机。这个时代在他们眼中是政治和文化的黑暗时代。他们持有一种历史观，认为儒教偏离了原本的轨道陷入了训诂学的狭路，因此才让异端的佛教和道教有了可乘之机。宋代的士大夫如欧阳修等人意识到，传统儒教无法与佛教和道教相抗衡。因此，他们希望回归孔孟之说的原点，排除异己，构建理想的社会。我们必须注意到，现代社会对上述时期的理解是基于将宋代儒生的历史认知视为事实，然后再反过来评价其价值而形成的。

韩愈和欧阳修在文章中激烈地批判佛教的同时，也深深地理解着他们的僧侣朋友。王安石和苏轼虽然站在儒生的立场上主张排斥异端，但私下却信仰佛教。他们的经学理论中也随处可见借用佛典或僧侣语言的语句。因此，要想理解宋代儒教对佛教的排斥就不能不考虑当时佛教教义的发展状况。

曾经流行过这样一种说法，认为朱子学"理"的概念是继承了华严宗关于理与事的思想成果而产生的。确实，仅用儒教来讲述中国思想是失之偏颇的，为了纠正这种偏差，探索佛教对朱子学的影响是很重要的。然而，正如我多次提到的那样，理之一词在当时是日常用语。因此，虽然两者的概念有相似的基础，但也不能简单粗暴地用单方面的影响去解释这个现象。如果要讨论和佛教的关系，禅宗可能是更为适合的对象。

3. 禅

佛教禅宗在唐代确立为教团，被认为是一种具有东亚特色的、不同于印度原始佛教性质的独特佛教。宋代时，禅宗的势力依然强盛，俘获了众多士大夫的心。将临济宗传入日本的荣西和圆尔以及曹洞宗的道元都曾在南宋时期到两浙路（今浙江省）留学，学习

朱子学与阳明学

162

禅宗教义。

禅宗通常给人以一种远离国家大事用打坐修行来寻求安身立命的形象。然而，在宋代的禅宗教团中，虽然也有隐居山林与世隔绝的修行者，但绝大多数还是保持着与政治世界的联系。

例如，与欧阳修生卒年相同的僧侣契嵩，向当时的皇帝仁宗献上了阐述王道政治真谛的《万言书》。"万言书"这一名称也出现在王安石的文集中，意指详细论述自己政见的文章。契嵩在文章中强调了确立"皇极"的重要性。不过这个术语并不是源于佛典，而是出自儒家经典《尚书·洪范》。同时这也是王安石所推崇的概念，在当时颇受重视。诚然，契嵩论述的"皇极"的前提是佛法的兴隆，然而他却借用儒家政治哲学的逻辑来支持自己的观点，并且对这样的方式没有一丝不安。这表明，佛教徒的悟道也是为了维护家国天下的秩序。契嵩如此说道：

> 儒佛者，圣人之教也。其出虽不同，而同归乎治。儒者圣人之大有为者也，佛者圣人之大无为者也。有为者以治世，无为者以治心。（《镡津文集·卷八》寂子解）

儒教和佛教这两种"教"的功能被分为治世与治心。契嵩认为，儒教只说治世，然而治心才是治世的根本，因此不如佛教。契嵩的这种观点也常见于其他禅僧之中，这也解释了为何禅能够俘获士大夫的心。南宋孝宗也曾表明过儒释道三教功能的不同，他说："儒教治世，佛教治心，道教修身。"儒教要想排斥佛教，就必须找到处理心灵问题的方式。

　　排佛论的倡导者大多也是古文运动的支持者。这种情况绝非偶然。在北宋中期，公元 11 世纪前半叶流行的是以杨亿为中心的西昆体。并且，这个群体也对禅宗心生向往。古文运动最直接的目标是排除西昆体，佛教作为其思想背景自然也在被攻击之列。宋初三先生之一的石介是这一运动的急先锋。他撰写《怪说》一文，把佛教、道教和西昆体均视为怪异的对象进行批判。但是，因为包括欧阳修在内的庆历年间的言论只是居高临下的批判，所以也未能有效地说服那些痴169 迷禅宗的士大夫。着手解决这个问题的是第二代思想家，即王安石、程颐和苏轼。

　　正如前文所述，王安石和苏轼表面上虽然倡导排佛，但对佛教教义的世界抱有一种亲切感。与之相对，排斥佛教最彻底的是程颐的道学。他在道学中将"心"的问题作为一个主体性和自觉性的核心主题进行探讨，并提倡"静坐"作为修心的方法。就像契嵩和孝宗所说的那样，当时普遍认为儒教只是治理国家的教义，无关心灵的问题。程颐注意到了这一点。他在部分继承和修正兄长程颢的教义的同时，还从经书中挖掘出

"敬"这个概念。不断地保持"敬"的心境，即"主一"的思想就此产生。他成功地在儒教体系内实现了和契嵩所说的治心理论相同的目标。这一理论最终由朱熹发展为"修己治人"，并以《大学》八条目为基础进行阐释。同时，这也成为道学家批评王安石新学欠缺之处的一个论据。

但是，引进和禅宗相似的论述方法必然导致更接近禅宗的结果。道学嫡系张九成自然会被当时以看话禅闻名的大慧宗杲的学说所吸引。朱熹视张九成为道学的堕落者，对其进行猛烈抨击也是因为他意识到了道学的本质里就带有这种危险性。他批评论敌陆九渊时也为对方贴上了"禅"的标签。朱熹将训诂学的方法引入道学就是为了排除禅宗以心传心的特质，并要求后学始终在儒教的体系内进行思考。

因此，从对同时具有经学和训诂学特征的朱子学流派的怀疑中诞生的阳明学，逻辑上也必然会带有禅宗的特质。特别是围绕解释良知的心性论及其衍生的修养方法的争论，成为阳明学内部的分歧点，这种争论不可避免地演变成了几乎像禅宗公案一样复杂深奥的讨论。同时代的朱子学者对此冷眼旁观，认为这些争论毫无意义，并对其进行批评和排斥。

不过，阳明学的盛行这一事实证明，它触动了明末许多人的心弦。在这个时期，如何将"心"以每个人都能接受的形式表现出来的问题依旧很重要。在经济繁荣和随之而来的社会流动性加剧的背景下，这一问题显得尤其严峻。事实上，明末也是禅宗在大慧宗杲之后又一个兴盛的时期。据说泰州学派的焦竑与禅僧保持着密切的往来。冯从吾批评无善无恶说时指出，儒教本身只关注一个善字，然而自佛教提出无善两字之后，王学左派和禅宗佛教之间趋于一致。

4. 儒教与道教

另一方面，道教又是怎样的呢？在唐代，道教因为老子被认作皇帝的祖先而在三教中享有特权，并在武宗时期成为会昌灭佛的原因和推动力。即便在宋代，道教的势力也没有衰退的迹象。真宗和徽宗对道教的庇护是众所周知的。尽管宋太宗一般被认为是佛教的爱好者，而宋仁宗时期以庆历士人为代表的儒教复兴又给人留下了深刻印象，但在这两个时期，道教团体依然在宫廷的支持下表现出强大的力量。朱熹谋求并曾多次担任的道观监督者[1]这一闲职，据说是王安石为将旧党中的大人物驱逐出政治中心而设立的。金统治下的华北全真教兴起，而南宋治下的江南内丹道得以发展。朱熹著有关于内丹的注释书《周易参同契考异》。元末明初的宋濂也倾心于道教，撰写了若干

---

1 即祠禄官，主管祭祀，以大臣年老不能任事者担任，以示优礼。——编者

著作。

然而，宋以后的儒生把道教列为三教之一时，常常用"老"或"老庄"来表述，这通常指的就是道家思想。主张三教合一时设想的并不是作为教团存在的道教，而是老庄思想。

关于朱子学与道教思想的关系则有必要说说长久以来围绕太极图传承产生的问题。

朱熹的推崇让周敦颐的太极图构成了朱子学宇宙论的基础。元于朱熹一代的学者朱震指出，这幅图与当时流传的另外两种图（先天后天图和河图洛书）都源于陈抟。从这时起，三种图都源自陈抟的说法就成了讨论的前提。陈抟是一位活跃于五代末至北宋初的道士，但他并不隶属于任何教团，被视为隐士。根据朱震的谱系，先天后天图传给了邵雍，而河图洛书则给了种放。

这个系谱无关朱熹对周敦颐的推崇。朱熹认为太极图是周敦颐的创作。但是，陆九渊早已就这一点向朱熹发起了论战。在不盲从朱熹学说的学者之间一直怀有太极图可能源于道教的疑问。特别是黄宗羲的弟弟黄宗炎出于将陆王学派定为儒学正统的需要，揭露了太极图源自道教这一点，以此削弱太极图在儒教中的权威。

不过，近年的研究表明，过去普遍认为太极图的原型来自道教史料，但实际上，这一图案直到南宋时期才出现，反而是道教在太极图的基础上模仿创造的。换句话说，朱子学的推崇让太极图获得了一种权威性，道教吸收了这一图形用以强化自身的理论基础。与以

往的观点相反，这表明朱子学对道教产生了影响。

　　这一点在另一个方面也得到了印证。例如道士白玉蟾在朱熹去世后不久，就将朱子学的学说（明确是朱子学而非道学）融入了自己的教说中。这一事例表明，朱子学在当时的思潮中产生了巨大的影响力。同时也表明朱熹利用出版物作为信息传递媒介的策略取得了成功。前面例子里的白玉蟾也在这一方面模仿了朱熹。

　　关于阳明学和道学之间的关系，尽管在未来可能会有更多的发现，不过现在最受瞩目的是身体观。朱子学并未轻视身体观，其用"气"来解释世界的思想，依托于与道教紧密相连的中国思想之共同基础。然而，以理智和分析的方式驾驭各种概念来认识并经纶世界，从这种学术方式来看，直接将身体观作为身体问题本身进行讨论的倾向相对较弱。

　　相比之下，强调万物一体性的阳明学由于重视感性且直观的精神活动，方能展开关于身体的反思性思考。这种思考方式契合了当时人们的生活感受和日常经验，从而引起了心理上的共鸣。

　　结合前述禅宗的问题，明末的三教融合思想是解明近世中国思想文化的重要领域。林兆恩的三一教正

如其名，主张三教合一；而李贽的学说则跨越了个别
"教"的框架，有着更广泛的影响。因此在思考朱子学
和阳明学时也不能仅仅局限在儒教史的范畴内。

十三　经学史的视角

前章《儒释道三教之间的关联》中，我说明了把朱子学和阳明学置于三教交流的语境中产生的各种问题，算是横向拓宽了研究视野。本章则在此基础上，从纵向时间轴进行考察，探讨清代的发展状况。

1. "汉学"的形成

清朝鼎盛时期所谓的乾嘉学派（乾隆和嘉庆年间的学术）代表人物惠栋收集了汉代经学家们对《易》的注解残本，并题名为《易汉学》。"汉学"是指汉代出现的训诂学，集大成者是郑玄。常被当作对比概念提及的"宋学"指的是以朱子学和阳明学为中心从宋朝到明朝的整个思想潮流。对于他们来说，这是一个需要批判和克服的对象。清朝的考据学则是高举"汉学"大旗来对抗朱子学和阳明学的运动。

176

对他们来说，朱子学和阳明学都一样是应当批判的学派。那么，他们又是基于什么观点来进行这种批判的呢？

江藩撰写了《国朝汉学师承记》和《国朝宋学渊源记》两部传记集，整理出了两派系在清代的谱系。他在《国朝汉学师承记》的总论中曾这样批判宋代的经学：

> 宋初承唐之弊，而邪说诡言，乱经非圣，殆

有甚焉。如欧阳修之《诗》、孙明复之《春秋》、
王安石之《新义》是已。至于濂、洛、关、闽之
学，不究礼乐之源，独标性命之旨。义疏诸书，
束置高阁，视如糟粕，弃等弁髦。

　　如第十一章《思想史上的唐宋变革》中所述，宋
代新儒家的出发点之一就是批判此前的经学方式。《儒
释道三教之间的关联》也说过，他们的动机来源于一
种危机意识：汉代以来的经学无法解决人们关于"心"
的问题，这才导致了佛教和道教的流行。只要恢复儒
教的本来面貌，就能驱逐异端邪说。这种信念，正如
之前所解释的，是基于士大夫阶层自诩为社会秩序的
承担者，所以负有传播纯正风俗的责任这一点的。也
就是说，朱子学的诞生不仅仅是思想层面的产物，更
带有强烈的政治和社会运动的色彩。

　　阳明学在批判朱子学的过程中诞生，这也引发了
坚守朱子学的士大夫们的反驳。正如大家在第八章
《天理和人欲》中看到的那样，这些反驳针对的是阳明
学忽视了八条目的递进性这一点。他们认为，阳明学
的修身养性论在政治实践中毫无用武之地。阳明学的
内部也有一部分人在这一点上和朱子学者产生了共鸣。
这就形成了所谓左右两派的争论。明末清初的顾炎武
和黄宗羲，若按学派划分则一人属朱子学，另一人属
阳明学。但他们在许多问题上立场是相同的，因此有

时也被统称为"经世致用"学派。经世致用之学意在治理天下的实学，目标是"经世济民"。（在他们看来，）阳明学的无善无恶说直接肯定人欲，破坏了社会秩序。因此，他们试图矫正这一弊端，重振有助于政治实践的学问。

顾炎武批判的不仅是阳明学，更涉及整个明代的学术风潮。他抨击的对象就是科举考试的官方教科书——明成祖永乐帝命人编纂的朱子学的注释书著作集《四书五经性理大全》。

> 而仅取已成之书，抄誊一过，上欺朝廷，下诳士子。唐、宋之时，有是事乎？……呜呼！经学之废实自此始！（《日知录·四书五经大全》）

178

按照顾炎武的观点，导致儒家经学失去生命力的元凶正是《四书五经性理大全》的编纂工作。僵化的经书解释让经学成了只为科举合格和出人头地的以功利性目的为导向的应试教育。本来，经学就是理学，后来两者变成了不同的东西。这样做的结果是，心学这一学术活动在远离经学的层面上得以展开，打着儒家旗号的自由奔放且毫无根据的学说通过讲学活动传播开来。顾炎武尤其厌恶李贽。

黄宗羲也认同这一点。他在《明儒学案》中明显表现出对李贽的轻视。黄宗羲以王守仁的嫡系自居。

他认为明代儒家比宋代优秀，这一点与顾炎武不同。但对王学左派末流带来的弊端，他与顾炎武一样持批判的态度。他们都认为明朝体制覆灭的原因在于儒家学说的堕落和异端邪说的横行无阻。

¹⁷⁹ 2. 清代礼教秩序的建构

顾炎武和黄宗羲出于对明王朝的思慕和对清王朝的厌恶而没有正式出仕。但与他们这些明朝遗臣不同，他们的后继者们在新王朝清朝中任职，努力履行士大夫的职责。用来重建秩序的依据是朱子学的政治哲学。圣祖康熙被誉为中国历史上罕见的明君，他的身边既有像李光地这样的学者智囊随侍在侧，也有像汤斌和张伯行这样的地方官用卓越的政绩扫清了明代后期的风气，为清朝盛世的创立贡献绵薄之力。顾炎武的外甥徐乾学和黄宗羲的弟子万斯同等人也以学者的身份在宫廷中任职。

他们共同面临着如何维持一个流动社会的秩序的问题。在这种情况下，作为关键词出现的依旧是"礼教"。此时，本应在明末的王学左派中被彻底批判的"礼教"又复活了。

近代以后的思想史研究把这种趋势称作逆流现象。如果将五四新文化运动看作历史的终点的话，那么我¹⁸⁰们确实只能这样去看待清代思想史。但是，这种视角虽然成功地构建了一种叙事，但关于清代士大夫主动寻求的目标的讨论却稍显不足。

如果要简明扼要地表述真实的趋势，那就是"从理到礼"。自20世纪90年代以来，海内外学者对这个问题的关注日益增加。秩序的根据不能是阳明学倡导的天理，即人的良知这种模糊的概念，而应该是更为确实的标准——礼教。通过细致地解读现存文献，尝试正确复原夏殷周三代，也就是上古黄金时代的礼制。这需要准确理解经书中的每一个字句，包括特殊的术语和名称。顾炎武开创的以整理古汉字字音为核心的名物训诂学逐渐吸引了许多学者的兴趣。

3. 考据学与朱熹

时代风气的变化也受到了社会和经济因素的影响。学者们即使不为科举考试而疲于奔命，也可以兼职家庭教师，在研究经学的同时维持生计。这种生活方式在宋代和明代会被视为郁郁不得志的无奈之举。不过随着生活水平的提高，越来越多的学者不再感到挫折，开始过上专注学术研究的生活。是否应将他们称为真正意义上的士大夫，这一点见仁见智。然而，即便是这样的人物，归根结底，著书时都是在参与儒家经学的使命的自我引导下进行的。资助他们的既有政府的高官，也有富甲一方的盐商。他们在江南地区形成了

181

学术网络。考据学就是在这个环境中发展的话语空间。

本章开头介绍的惠栋的根据地就是繁华至极的苏州。顾炎武也同样来自这片土地。这座城市虽然位于江南的中心地带，但在明代却并没有出现过阳明学者。与其大张旗鼓地宣扬性善说和致良知，依照细致的学术研究去复原过去的制度和文物更符合这座城市的气质。惠栋的学派位于苏州，所以又被称作吴派。

考据学中与吴派势力平分秋色的是戴震率领的皖派。这个名称来自他的家乡徽州。徽州和山西一样，以盐商的故乡而闻名。这些商人一边与家乡保持联系，一边以扬州等地为据点展开贸易活动。同时，徽州是朱熹的祖先和家族的所在地这一点也影响着当地的文化意识。戴震确实批判了朱子学，但他对朱熹本人略显微妙的态度或许也反映出了这种地域意识。

182　　常见的教科书解释抛弃了包含朱子学和阳明学的"宋学"，认为考据学就是汉学。实际情况却要更加复杂。首先，对于为了恢复礼制而重视礼学研究的学者来说，朱熹的《仪礼经传通解》是必须尊重的著作。实际上，江永的《礼书纲目》等书都宣称继承了朱熹的方针。其次，惠栋的父亲惠士奇曾说："在经学方面尊重汉代的服虔和郑玄，在伦理规范方面还需遵从程颐和朱熹。"[1] 他将学术活动和日常生活区分开来，这

1　即惠氏红豆斋楹联："六经尊服郑，百行法程朱。"——编者

也是许多考据学者的共同之处。他们一方面标榜恢复三代礼制，另一方面在实际生活中却遵循朱子学式的冠礼、婚礼、丧礼和祭礼。他们不是汉代的士大夫，而是宋代之后的近代士大夫。

高宗乾隆帝宣召了许多考据学者入宫参与编纂《四库全书》等工作。但是，科举仍旧从以四书为主的经书中选取题目，一些考据学者对这种出题依据或标准持怀疑态度。记录圣人言行的《大学》和《尚书》依然是神圣的。社会的实际情况就像现代研究者提出的"礼治系统"所说的那样，朱子学的礼教秩序正在逐步深入社会。

4. 考据学的特殊性

朱子学几乎垄断学界的明代前半期和阳明学流行的明代后半期的最大区别在于，考据学并没有成为广大士大夫的通识。考据学还停留在部分学者的智力活动中。当然，这并不是在否定其学术水平的高度。从精细程度上看，经学中考据学甚至在方法上超过了朱子学，所具有的客观性更是至今都被学术界视为可信赖的成果。也正因为如此，考据学和朱子学、阳明学有着本质的不同。人们常说考据学是"术"而非"学"也是来源于此。

重视个人"心性"胜过经书典籍的思维方式在朱

子学中萌芽并在阳明学中开花，这在清代的一些学者看来是非常危险且自以为是的。于是，这些学者开始致力于建立一种准确理解经书的方法。这种"术"正是以研究汉字的字形和音韵为基础的考据学。因此，考据学的初衷并不是为了与朱子学和阳明学的学说唱反调，重要的一直是形式和严谨的手法。

当然，这种学术知识的方式本与完全信赖良知的阳明学是无法相容的。也因为这一点，清代风格的"汉学"和明代风格的"宋学"的学说出现了对立。此时，"汉学"一方认为包括朱子学的性理学说（理气说和心性论）在内，这些理论的根据都是建立在错误解读经书的基础之上的。所以，"宋学"也被划分到了批判对象的行列。受到如此批判的清代朱子学坚持性理学说的立场，自己承认了隶属"汉学"敌对阵营的事实。由此，"汉学"对"宋学"的框架就确立了。

但就像之前提到的那样，即使汉学者中也有希望继承朱子学思想遗产的观点，为此我们也不能忽略这样一个事实：他们所批判的"宋学"实际上是从汉学视角去理解的宋明理学。坚持与"汉学"的对立让"宋学"逐渐形成了一种不同于宋代、明代原有学术的独特主张，即故意轻视汉学极为重视的礼制和礼教的内涵。如此产生了一种和本书第一章中范式化的"宋学"不同的、偏重性理学说的"宋学"。

令人感到讽刺的是，这也正是"宋学"在近代礼

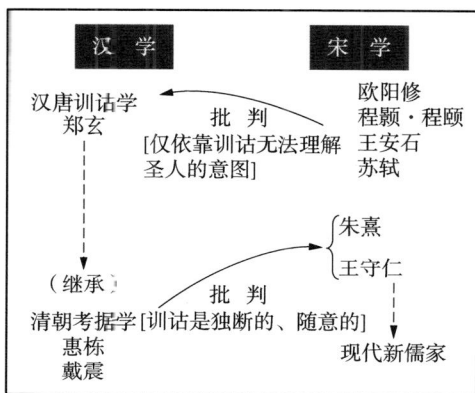

汉学 vs 宋学

教批判成为主流的情况下得以存续的原因。"宋学"倡导的秩序仅仅流于五伦五常的表面，没有更多实质性的内容，因此也更容易通过形式的变化得以延续。与之相反，"汉学"因为肩负着形式上的礼教，其作为一种具有实践动力之学说的影响力在迅速消失，最终沦为一种对古代的好奇，或者转变为学术化的思想史和制度史研究。毫无疑问，现代新儒家继承了"宋学"的传统，这将在最后一章中详细介绍。

十四　东亚的近世

《经学史的视角》解释了清代新兴思潮是如何看待朱子学和阳明学的，以及由此引发的相关问题。本章将在此基础上扩大讨论范围，探讨整个东亚地区思想文化的变迁。

1. 中国史的时代划分

有一种历史分期的思维方式，即根据某些标准把远古以来的历史进程划分为不同的时期，并赋予每个时期以独有的表征。其中，最基本的划分方式是将历史分为古代、中世和近世三个时期。这种思维方式最早形成于近代欧洲。历史并非简单的重复，而是具有一定方向性的演变过程，尽管在这个过程中有时会出现迂回曲折。正是在这样的历史观念下，通过在古代和近代之间插入"黑暗的中世纪"确立对现代这一时期的认同感，从而使这种历史分期的方法固定下来。

后来，这被称为"世界历史的普遍规律"，并在20世纪成为适用于非欧洲文化圈的历史学术语。因此，这种思维方式本身就是特定历史环境下的特殊产物，当下的趋势则是尝试将其相对化。那么，我为什么要在这里特意逆时代而行地提出"近世"这个历史分期术语呢？首先，我来说明一下这一点。

第一个正式提出在中国历史中设立"近世"这一时代区分的是日本学者内藤虎次郎（湖南）。至今为止，这一术语在中国本土仍不常用。最初，内藤本人在使用这一概念时，"近世"与"近代"之间的界限并不清晰。随着人们开始普遍用"近代"一词指代 19 世纪"西方冲击"之后的时期，"近世"便用来指代在那之前的时代了。然而，这并未在所有研究者之间达成共识。有学者认为中国历史上不存在"近世"，是从中世纪直接过渡到近代的。有些学者即便承认"近世"的存在，他们针对时代起点的见解也是五花八门，有的认为是明末清初，有的认为是从明朝的建立算起，还有的认为应该追溯到蒙古帝国的形成或唐宋变革的时期。需要说明的是，我接下来打算站在最后一种立场展开讨论。

188 将唐宋变革之后的时期看作近世的优势在哪里呢？内藤湖南在提出这一历史分期的时候，最为在意的是文化性质的改变及其背后的政治体制。他认为，贵族文化被"平民"文化所取代的原因是政治体制从贵族制转向了君主专制。用本书中的术语来表达的话，这意味着"士大夫"为主体的政治文化的形成。这并非是近代历史学者发掘出的某个被遗忘的事实，而是当时的亲历者们已经对此有了明确的认知。正是这种自我意识使得唐宋变革在历史分期中具有特殊的意义。

如此形成的政治文化框架一直延续到所谓"近代"的开端。在狭义的思想研究中，宋明理学与清代考据学的时代通常被看作不同的历史阶段。实际上，两者并没有显著的反变，而是同属于宋代以来一脉相承的思想潮流。这一点在前一章中已经讨论过了。此外，第十二章还论述了儒释道三教在宋代形成的关系中的发展情况。宋代到清代之间确实存在着变化，但与之前的时期相比，这些变化并非本质性的。尽管阳明学曾一度盛行，考据学也逐渐兴起，但宋代形成的朱子学仍然牢牢把握住官学的地位，这一现象也进一步佐证了我的观点。而且，第九章中也提到在社会秩序的构想方面，阳明学的主流取向实际上与朱子学是一致的。从这个角度来看，可以说"近世是朱子学的时代"。

然而，正如丸山真男在研究日本政治思想史时所提出并概念化的那样，朱子学是维护旧体制的思想这一评价依旧根深蒂固。和丸山的观点不同，岛田虔次将从朱子学到阳明学的发展过程整体视为中国的"近世"（准确地说是阳明学的衰退导致了这一进程的挫折）。此外，守本顺一郎在批判地继承了丸山真男观点的基础上，将朱子学定义为东亚社会封建的中世纪思维。如果要称呼朱子学时代为"近代"并赋予其特殊内涵的话，就需要以和上述观点不同的视角去看待。我倾向于将其定义为"印刷出版文化的时代"。

2. 印刷出版文化的时代

思想文化的传播需要媒介。最基本的形式是由具体的人来承担这个角色。自人类拥有语言开始，通过口口相传建立师生关系的场景随处可见。后来，许多文明开始使用文字。在东亚地区，中国发明的汉字成为逐渐普及、作为书写语言的汉文，在"西方冲击"到来之前一直充当着东亚地区的共同语言。然而，文字的记录需要特定的载体；最初使用龟甲、牛骨或者在金属器物的表面书写文字，后来开始使用竹简、木牍或丝帛，直到发明了纸张。随着这些物质条件的改进，识字群体的比例有所增加。即便如此，能够看到手抄书籍的人依然非常有限。

与手抄本相比，印刷是一项划时代的技术。它的出现让书写内容的批量复制得以实现。这项技术在宋代逐渐普及。苏轼的文章生动地展示了他所处的时代正是这一技术转折的关键时期。

　　余犹及见老儒先生，自言其少时，欲求《史记》《汉书》而不可得，幸而得之，皆手自书，日夜诵读，惟恐不及。近岁市人转相摹刻诸子百家之书，日传万纸，学者之于书，多且易致。（《李氏山房藏书记》）

正如前面多次提到的那样，书籍在朱子学学说的普及过程中发挥了巨大的作用。同时也指出了阳明学运动的兴起可以看作对这种耳闻目见的知识——用现代语言描述的话就是信息过载现象的反思。为了加强民众教育，制作了大量的文本和手册，这些都离不开印刷术的支持。在西方历史上，有"没有活字印刷，就没有宗教改革"的说法，套用一下也可以说成"没有木板印刷，就没有朱子学"。

从这个意义上来说，朱子学的形成相当于西方的文艺复兴和宗教改革。特权阶层曾经秘而不宣的知识通过书籍传播开来。"圣人之学，人人皆可至"的学说主张在真理面前人人机会均等。当然，真实情况依旧是那些天生继承了文化资本的人才能够拥有从事学问的经济实力和精神动力。不过，社会的流动性让文化资本并不依附于某个特定的家族。先忧后乐的精英意识与满街皆圣人的平等主义相互呼应。阳明学的诞生与流行正是在明代后期的江南地区这个经济繁荣、文化鼎盛的环境中兴起的。这一乐观主义的思想尽管在当时遭受了不少冷漠的批评，不过随着繁荣时期的结束以及清朝治下新秩序的建立，朱子学的思想再次得到了重视。这也体现了作为过渡期的明代后期与它前后两个时代之间的连续性。

清代为了更广泛深入地推行礼教，逐渐开展考据学的实践，甚至将朱子学的具体教义也纳入了批判的范围。18 世纪天主教的传教士们在给本国的报告信中用惊奇和赞叹的目光描绘了清朝繁荣的景象。尽管这些来自朝廷视角的描述有一定美化的成分，但它们无

疑真实地反映出当时生活在战火连绵环境中的欧洲人
感受到的震撼。尽管从现代的视角来看，礼制制度或

许会受到批评，可是只要能够保证政治和社会的安定，
那么就应该是让人感到安心和舒适的。由此可见，中
国的近世并不是"黑暗时代"。

3. 对周边国家的影响

同样的情况也发生在其他使用汉字的东亚国家。

首先就越南而言，15 世纪从明帝国独立出来的黎
朝吸纳了朱子学，在学校和祠庙方面效仿明朝的制度。
不过，关于这些制度究竟在越南推广到了什么程度这
一点还存在疑问。此外，在越南思想史上几乎没有出
现特别引人瞩目的学者。可是到了 19 世纪的阮朝，村
庄里掌握汉字的人成为文化领袖，还有（包括共产党
在内的）领导反抗法国殖民统治的独立运动的革命家，
众所周知他们都具备儒家素养。

在朝鲜半岛，高丽到朝鲜王朝的政权更迭是一个
重要的转折点。几乎和宋朝同时建立的高丽王朝一直
笃信佛教，在 14 世纪的时候作为蒙古帝国边境地区的
附属国艰难地生存了下来。但是随着明朝的建立，形
势发生了变化。实权人物李成桂（I Seonggye）在郑道
传（Chong Do-jon）等儒生官僚的支持下成功发动了革
命。尽管之后在王权和儒生官僚之间曾一度发生冲突，

但被后世史书尊称为"大王"的世宗（Sejong）统治时期各种文化事业得以推进，朱子学为国教的体制得到确立。通过完善的科举制度逐渐形成了被后世称作两班的知识分子阶层，他们成为地方社会的领导者。在木板印刷和金属活字印刷的推

朝鲜版的《中庸大全》

动下，朱子学的学说广泛传播，他们的生活理念逐渐与中国士大夫的重合，奉行修己治人的原则。冠礼、婚礼、葬礼和祭礼以及血缘宗族也按照朱子学的学说进行了改造。

16世纪的李滉和李珥作为开创朝鲜朱子学两大学派的鼻祖，活跃在当时的思想界。彼时正值中国阳明学兴起之际，李滉作为一名朱子学者对阳明学提出了批判。

李滉和李珥两人学说的差异主要体现在理气论和心性论领域，也就是第一章中提到的主理派和主气派。这种学术分歧在他们的后继者身上不断扩大和加深，最终

演变为政治上的党争，成为朝鲜政治史上的重要事件。
当时编撰和印刷了许多充当政治斗争工具的书籍。

韩国纸币上印刷的李滉（上）和李珥（下）的肖像

藤原惺窝、林罗山、山崎闇斋等江户初期的儒者学习的正是李滉一脉的朱子学。第五章《日本的接纳》中提到，正统朱子学正是从这个时期开始传入日本的。在这个过程中同样也有传承者和传播媒介的问题。

在德川政权的统治下，佛教因充当宗教检查工具而失去了宗教权威的独立性，取而代之的是在武士阶层中逐步展开的儒教。林罗山和山崎闇斋积极参与制作的带有训读标记的木版印刷本——和刻本成为重要的传播媒介。和刻本和手抄本时代不同，是在从中国进口的版本上添加训读标记，然后再刻在木板上，这就能简单地做出翻译副本。这种方式大幅增加了阅读汉籍的人口数。那些经济富裕的农民和市井居民也纷纷开始接受和追捧这一新兴的道德哲学。

琉球经由福建单独向中国皇帝朝贡,因此也早早就接触了福建的出版文化。两地人员交流也很频繁,那霸[1]郊外还有一批来自福建的移民,他们作为政治和行政的参与者定居在此。朱子学在琉球的传播主要是因为地缘因素。和日本本土相比,儒教的冠礼、婚礼、葬礼和血缘宗族在这里得到了更广泛的普及。

锁国时期的日本通过从琉球和长崎传入本土的中国书籍,以及朝鲜通信使带来的书籍,了解当时中国和朝鲜的学术动态。

就这样,朱子学和阳明学在整个东亚地区得到了广泛的传播。与之前的佛教时代相比,两者的差异显而易见。究其原因,可能是因为在中国,佛教的创造性生命力逐渐衰退,而儒教则成为新的思想潮流。这不是周边地区对中国思想的单方面需求,而是因为时代正在发生变化,各个社会都在寻求新的秩序构想。以日本为例,尽管朱子学在 13 世纪就已经为人所知,但直到 17 世纪它才从佛教团体中分离出来,逐渐获得独立的力量。而朱子学在社会中得到广泛的传播更是推迟到了 18 世纪以后。这一过程也进一步说明了这点。

1　古琉球王国首都首里城所在,今为冲绳县首府。——编者

4. 近代和现代

　　19 世纪所谓的"西方冲击"迫使东亚社会发生了
翻天覆地的巨变。面对西方文明的坚船利炮，东亚各
国不仅接受了西方文明背后的政治社会结构，甚至还
接受了西方的思想和学术体系。这一系列的过程通常
被称作"近代化"。

　　然而，近年也有两种关于近代的看法。例如，日
本史学家尾藤正英在内藤湖南理论的基础上，将近世
的开端应仁之乱[1]定义为内发的近代，而将明治维新
视为外发的近代，认为前者是更为本质的变化。朝尾
直弘也表达了同样的观点。所谓近代不过是按照西方
的风格改造了政治和文化的外观，而社会结构本身其
实并未发生本质的变化。

　　此外，按照其他学者的看法，即便经历了明治
维新和第二次世界大战，朱子学和阳明学的思维方
式仍然深植于日本人的内心。现今日本的国际地位
逐渐降低，所以也不难理解这种思维在某些试图重
振日本的民族主义言论中再次被大力倡导的原因。
然而，时代的车轮滚滚向前，这得益于当代媒介技术
的革新。

――――――

[1]　应仁之乱是日本室町幕府时代大名之间的内乱，开启了日本战国
　　时代。――编者

不仅是日本，整个东亚地区的人们的意识发生真
正动摇的时期不是在 19 世纪，而是要到 20 世纪末。
经济的高速增长和随之而来的前所未有的社会流动让
人们意识到秩序并不是固定的，而是不断变化的。近
世以来形成的所谓传统社会秩序，例如家庭和邻里之
间的人际关系的形态正在急速变化。与此同时，那些
成为社会基础的、始于近世的传统思维模式也开始
松动。

电子通信技术的发展和数字化的进程成为推动这
一变化的媒介。同时也宣告了出版印刷文化时代的终
结。如今，书籍在信息传播的过程中只起到了次要的
作用。虽然我们仍将书店和图书馆视为知识的储存库，
但其中提供的信息实际上都是通过新技术来创建、保
存和复制的。例如，本书并不是用钢笔和稿纸完成的，
而是在键盘和文字处理软件的帮助下，在电子显示屏
上完成的创作和编辑。虽然读者通常是在书籍完成的
数月甚至数年后才能通过印刷成书的形式阅读到本书，
但如果运用当今的技术，读者可以在作者书写的过程
中通过网站同步获得这些内容。如果作者愿意，甚至
可以即时收到读者的反馈和提问。这种消除时间和空
间阻隔的新技术就如当年印刷术的发明一样，正对思
想文化产生着深远的影响。

当下，我们完全无法预见这一趋势的最终走向。
不过，从文明史的角度来看，我们当前所处的情景与

朱子学兴起之初的时代非常相似。了解朱子学不仅仅是为了学习其学说的内容，更重要的是，它可以为我们思考未来的行动提供有益的借鉴。

十五　朱子学与阳明学

在前 14 章中我们回顾了朱子学和阳明学的历史。本章作为全书的最后一章，将着眼于思考它们的现状和未来。

1. 现代新儒家

曾在美国哈佛大学的哈佛燕京学社任职的杜维明教授自称"波士顿儒家（Boston Confucian）"。但是他在美国的言行举止和普通美国人并无二致，而且在信奉民主主义方面比基督教的保守派更加"开明"。

> 原始儒家的重点在于教育，在试图通过教化来改变政治而不是依托政治权利来构建理想世界。最能体现儒家精神的"内圣外王"之道实际上是庄子提出的。尽管许多儒者继承了儒家这一基本精神，但从儒家学术的发展路径来看，毫无疑问，他们一直是通过教育，通过塑造人格，通过教化、思想和社会实践来推动政治的变革。（《杜维明文集》第二卷《现代精神与儒家传统》第 598—599 页，生活·读书·新知三联书店，1997 年）

这就是他对儒家思想本质的理解。此时，具体的礼教制度和社会组织并不是一个问题。孔子和孟子等原始儒家之所以伟大，并不是因为他们向君主阐述政治的要义并建立了礼教社会，而在于他们作为个体，通过自我修养和教育推动了社会的变革。这一观点当然是以宋明理学重视"修己"的传统为基础的，但同时也是一种与基督教特别是宗教改革后强调个人内心信仰而非外在仪式的基督教体系相契合的对儒家思想的解读。这让人想起高杉晋作在接触到新教教义的时候就曾感叹"这就是阳明学"。杜维明隶属的现代新儒家的典型特征就是将"内圣外王"也就是圣人即施政者视为儒学的本质。

在 20 世纪前十年后期的五四新文化运动中，代表旧制度的儒家思想成为打倒的对象，激起了大范围的批判性讨论。中国共产党高度评价这场运动的意义，认为儒家思想是封建道德的象征，是革命中的主要打击目标，必须受到彻底的清算。因此，在过去的近现代思想史中，儒家思想几乎从未被积极讨论过。

五四新文化运动之后，仍然有一部分人信奉儒家思想。这些人不是墨守成规的守旧派，而是正面迎接与西方文明的邂逅，并在此基础上揭示儒家思想在现代之意义的论者。这些人就被叫作现代新儒家。

现代新儒家的创始人梁漱溟在经历五四新文化运动的冲击后，进一步深化了对中国文化的独特性和价值的思考。他最初被柏格森的生命哲学吸引，又在大学新开设的印度哲学科目讲授佛学。后来，他将思想重心转向了以阳明学为核心的儒家思想。他还沿袭乡约的理念，发起了乡村自治运动，并积极投身实践。中华人民共和国成立后，他选择留在了大陆。虽然后期和毛泽东之间产生了摩擦并受到弹压，但他始终坚守自己的信念。直到 20 世纪 90 年代，中国大陆开始重新评价梁漱溟。

熊十力虽然也深受佛教影响，但他提出了以孔子的仁、陆九渊的心和王守仁的良知为本体的体用论。他用《庄子》中的"内圣外王"一语来说明体用论，并指出当前中国所面临的任务在于通过哲学来明体，通过民主与科学来实现其用。他认为哲学是"教"，民主是"政"，两者自当为表里一体。这便是政教一致论。

贺麟借助黑格尔的唯心主义哲学来阐述体用论。他认为，黑格尔所说的绝对精神就是孔子的仁、朱熹的太极、陆九渊的心和王守仁的良知，并以此为基础构建了他称之为"新心学"的哲学体系。

冯友兰在亚里士多德哲学的基础上继承了朱子学，他称之为"新理学"。尽管受到了政治动荡的冲击，他依然稳居北京大学教授之位，在大陆学界拥有极大的影响力。

上述这些人在 1949 年之后也选择留在大陆。与此相对，也有一些新儒家选择逃亡中国台湾和香港。

牟宗三发展了熊十力的体用论，并将其与康德的哲学相结合，构建了自己独特的道德形而上学体系。

他强调内圣外王，主张道统、政统与学统应当融为一体。他提出了一种独特的道统论，认为儒学的传承脉络自孔孟伊始，经由周敦颐、程颢、张载、胡宏、陆九渊、王守仁、王畿、刘宗周，最终传至熊十力，形成了一脉相承的思想传统。

唐君毅也深受康德和黑格尔的德国观念论影响，从这个角度整理了儒家学说。他高度评价阳明学的万物一体之仁，并有意将唯心主义放在重要位置以对抗大陆的社会主义哲学体系。

1958 年元旦，唐君毅为实际执笔人，并与牟宗三、徐复观和张君劢联名发表了《为中国文化敬告世界人士宣言》。这份宣言表明他们这一派的新儒家才是中国文化的正统继承人。宣言中，他们自认为是中国文明的传承者，为民主主义发声。宣言中还强调，"心性之学才是中国学术思想的核心"。

2. 争论

值得注意的是，这些新儒家都将朱子学或阳明学视为儒家正统思想，并将自己定位为这些思想的继承者和重建适应现代社会的儒家思想的推动者。对于现代新儒家的学说，美国著名学者余英时（Ying-shih Yü）教授指出，不应将他们看作一个哲学流派的"学"，而应将其视为"教"。他对新儒家的道统论做出如下批评。

从熊一力开始，新儒家都有着强烈的道统意识，但他们重建道统的方式却和宋明以来的一般路径有所不同。他们并不强调传承谱系，也不谈论"传心"，而是仅仅通过对"心性"的理解和体悟来判断历史上的儒者是否掌握了"道体"。在这一点上，他们的风格确实十分接近陆王。新儒家第一代和第二代学者对"心""性""道体"的具体定义以及三者之间的关系的结论并未达成一致。因此，他们提出的道统谱系标准并不统一，有宽有严。然而，无论是何标准，大多数新儒家都主张："自孟子后，道统中断，直到北宋才有迹可循。自明末以来，道统又中断了三百年，直到新儒家出现才得以再次确立。"（余英时《犹记风吹水上鳞——钱穆与现代中国学术》，第 70 页，三民书局，1991 年）

这篇文章在中国台湾学术界引起很大反响。余英时的老师是钱穆。钱穆一般被列为新儒家的一员。但余英时认为，钱穆应当是与唐君毅和牟宗三划清了界限，所以才没有在上述《宣言》中署名。

他受到了活跃在中国台湾学界的牟宗三弟子们的集中炮轰。特别是他关于道统的论述以及他批评"他

205 们（新儒家）完全否定了中国文化的有形现实，只肯定无形的精神"（同上书，第 79 页）的观点，触发了激烈且情绪化的反驳。然而，这些反驳最终似乎也未能完全推翻他指出的事实。

　　牟宗三学派的学者们把老师的学说的框架视为不言自明的真理，并以此作为讨论的前提。他们要么没有意识到余英时批判的正是这一点，要么即便意识到了也选择回避这一问题，不愿从根本上重新讨论这个问题。换句话说，余英时的批判超越了道统论的框架，从外部揭示了这种虚妄性，而反驳者则始终固守着道统论即思想上的事实这一立场。

　　上文引用中提到的"自明末以来，道统又中断了三百年"这一点非常重要。正如第十三章所述，这清楚地表明了新儒家作为"宋学"继承者的身份。譬如中国台湾的一位研究者就曾指出（林庆彰《当代新儒家的〈周礼〉研究及其时代意义》，刘述先主编《当代儒学论集——挑战与回应》，"中央研究院"，1995 年），熊十力提出《周礼》为孔子所作的新说并非来自确凿的证据，而仅仅是依靠他的直觉和领悟。这不是考据学的手法，而是与"宋学"对经典的诠释方法如出一辙。所以，从一开始就注定了即使用实证史学的手法进行反驳也无法为熊十力所接受。这种学术认知方式上的根本

206 差异正好表明了熊十力作为"宋学"继承者的身份。

　　然而，这种形式的"宋学"并不是宋代至明代期

间学术的真实面貌，而是在清代由自称"汉学"的考据学者们重新定义并批判后逐渐形成的。受到批判的一方在接受了这种定义后参与了论战，因此，这种"宋学"实际上是一种新创的概念。现代新儒家对清朝考据学的批判态度以及对实证史学的冷淡正源自于此。即使余英时使用了钱穆式的实证方法揭示了新儒家的历史相对性，这对当事者来说似乎并不是根本性的问题。牟宗三的弟子们提出的反驳恰好揭示出双方论证方式的差异。

> 并不是因为奉孟子和陆王为正统，就认定心体的实在性以及其作为生命活动本体的地位。……现代新儒家之所以将孟子和陆王视为正统，是因为他们的学说符合理性逻辑。孟子的义利之辨、仁义内在于人心的观点及性善论是最能够充分解释道德意义的理论，所以才被视为正统。（杨祖汉《论余英时对新儒家的批评》，《儒学与当今世界》，第157页，文津出版社，1994年）

3. 什么是儒家的未来

现代新儒家在阐述儒教的现代意义时具有一个显著的特点：他们都是民主主义者。在这一点上，他们和传统儒者以维护王朝体制为信条的立场存在明显的差异，也不同于康有为提出的将"孔教"作为新儒家并成为近代民族国家之国教的构想。新儒家认为，孔孟所倡导的"儒家思想的原貌"实际上和西方的民主主义是一致的。他们之所以这样论述，正如第十三章《经学史的视角》所指出的那样，正是清代"汉学"和"宋学"争论的结果，让人们可以在不涉及具体礼教制度的前提下探讨"心性之学"。此外，这种论述也可能受到了明治时期日本塑造的阳明学形象的影响。五四新文化运动中鲁迅等人猛烈抨击的"吃人的礼教"，形成了将其与新儒家所倡导的儒家思想的原貌区别开来的状况。

梁漱溟推动的乡村建设运动继承了中国古代的乡约传统。不过，传统乡约强调三纲（君臣、父子、夫妻）的上下关系是根植于人性（即朱子学和阳明学所说的"性"）的，并以此为根据维持应有的社会秩序。但是梁漱溟的运动有别于传统，他主要着眼于互惠和平等的理念。据说，这一理念也受到日本白桦派"新村"思想的启发。传统的乡约精神在这个过程中脱胎换骨。

牟宗三和唐君毅都承认，西方近代思想所倡导的自由和平等的关系是人类本应具有的状态，并力主孔孟学说也是遵循这一理念的。他们在整理和阐述儒家哲学时主要参照了康德和黑格尔的德国观念论，这对

208

他们的论述产生了深远的影响。可以说，他们呈现出来的是西方近代哲学视角解读的孔子和孟子。同样，杜维明将五伦五常与西方思想相对应，并向美国人传播儒教思想，展现出了一种带有基督教新教色彩的儒教。

他们并非不了解儒家在历史上发挥的作用。他们需要对汉代以来儒家的官学角色做出解释。在这种情况下，他们提出了这样的逻辑："汉代之后成为文化传统的儒家已经不同于原本的儒家思想了。"正是因为"心性之学"没有和具体的形象联系在一起，而是作为一种纯粹的观念被讨论，所以才能免于服务王朝体制的事实。

牟宗三没有把朱熹纳入他的道统可能也与这一问题有关。他认为朱子学作为官学不符合他认为的以孔孟为代表的原始儒家思想。在新儒家中，也有像冯友兰这样亲近朱子学的学者，还有（通常被视为新儒家的）钱穆也对朱子学抱有尊重之心。牟宗三和他们之间的分歧不仅源于各自学说内容的不同，还可能与他们对朱熹评价的分歧，以及第三章《朱子和王阳明的生涯》中指出的两派学者在个性上的差异有关。

总之，新儒家之所以表现出"宋学"继承人的姿态，源自清代以来"汉学"与"宋学"之间的对立。至于新儒家中倾向阳明学的人更多，究其原因则可以追溯到明代以来程朱理学和陆王心学之间的对立。他们对西方主导下政治学者和人文学者的观点提出异议，并重新评价中国传统文化中的精华，以此回应汉民族的民族主义诉求。也因此，这种言论很容易被当权者拿来当作政治工具。同样，在韩国也曾有一段时期，自称现代新儒家的流派作为发展型独裁政权的官方学术发挥作用。

那么日本的情况又如何呢？在日本，同样有阳明学者成为以自由和民主主义为党纲的保守政党领袖的顾问，向他们讲授帝王学和宰相学。安冈正笃就是其中之一。他的著作至今仍广为流传。同时，在学术界也有不少研究者视阳明学为自我的实践哲学。然而，尽管朱子学作为研究对象在热度上与阳明学不分伯仲，甚至可以说是更为活跃，但公开倡导复兴朱子学的学者却寥寥无几。这反映了第一章和第五章中提到的明治之后日本对朱子学和阳明学抱有的不同印象。在现代社会中，阳明学更能大张旗鼓地宣扬自身的存在意义。

但也正如第六章之后屡屡提及的那样，这些印象同朱子学和阳明学的真实面貌并不相符。本书的目的在于重新审视坊间流传的通俗观点，并为读者提供一个全新的视角。希望大家再次回想起《广辞苑》中对朱子学和阳明学的定义。那个定义描述的是接受西方近代思想的人们的思维中所关心的"朱子学"和"阳明学"。但这只是中国近世朱子学和阳明学的一个侧面。

　　话虽如此，我个人同样是一个尊重思想和信仰自由的"现代人"。或者说，是一个习惯避免高声宣扬某个教义精髓的东亚多神教文化圈居民。我并不认为世上存在唯一正确的绝对教义。对于通读本书的读者而言，如何看待朱子学、阳明学乃至整个东亚传统思想，并且把它当作个人的问题去面对，关于这些我想交由读者自身去判断。就像第十四章说的那样，在这场文明史的大转折中，我们应当思考的是如何有效地利用东亚的思想遗产。

　　真正的思考从这里开始。

文库版后记

　　本书是为放送大学（广播）课程而撰写的教材的再版，这门课自 2004 年开设共持续了四年。放送大学的课程一共 15 次，每次时长 45 分钟，中间穿插播放中国音乐 CD 作为休息。幸运的是，这门课程吸引了许多学员。后来，我在参加其他讲座时经常有人在结束时对我说："我曾听过您在放送大学的课程。"不同于平时在大学课堂上的对面讲授，在放送大学我只能通过批改作业的方式和学生接触，因此在这样的场合被认出来总是让我感到非常高兴。

　　在广播大学的课程结束后的这五年里本书再也没有加印过，也从新书的书架上消失了踪影。据我家那位全天候私人女秘书[1]偶尔在网上的调查，这本书的

––––––––––––––

1　这里作者指的是自己的妻子。——译者

二手书已经卖出了相当高的价格。曾有一家出版社提议重新整理一下内容，出版一本类似主题的新书，但我一直未予处理，这件事就这么一直搁置了。

不久前我收到筑摩学艺文库增田建史先生将本书文库化的提议，我立刻就同意了。虽然在过去的十年间我的部分观点有所变化，但如果逐一修改可能又会耗费不少时间。因此，除了对一些表述进行修正外，基本保持了原版的内容。我在校对重读的过程中也发现了不少略显武断的观点，以至于让我自己都忍不住质疑："果真如此吗？"不过，考虑到当初写作时候的"冲劲"，最终还是决定保留这些原有的内容。

在这里必须提到一件事，就是在第一章开头提到的《广辞苑》。或许因为本书中的批评，在《广辞苑》第五版到第六版的修订过程中这三个词条（朱子学、阳明学和宋学）的校订工作都交到了我的手上。我按照本书的观点修改了内容。尽管这些内容是我亲自校订的，然而当我重新阅读修订后的第六版时，发现文章的结构有些杂乱，内容也不够清晰。第五版虽然内容稍显不足，但作为辞典释义却更为简洁明了。在此，我想借这个机会向岩波书店、第六版的编辑团队以及广大读者致歉。

十年前，本书原版的编辑工作由放送大学教育振兴会的负责人负责，他非常认真细致地完成了这项工作。我们恰好支持同一支职业棒球队，所以在校对交接时也常常一起小酌几杯。不过，有一次因为我的思虑不周，在交谈中无意间让他感到了不适。当时，我们从本书的内容聊到了日本佛教，我提到他笃信的宗派祖师时不慎说了一句"其实并不是这样的"。我原本只是想表达"从学术角度来看是这样认为的"，但对于一位信徒而言这可能已经是一种严重的冒犯了。我仍然清楚地记得当时他脸上僵硬的表情。之后，在一次以另一位信徒为主宾的饭局上，我又重蹈覆辙了。宗教信仰和学术结论往往存在矛盾。这本书是从学术角度描绘近世儒教的真实面貌，因此对于那些将教义视作人生信仰的人来说，书中可能会有许多"难以接受的内容"。

尤其是在日本，阳明学爱好者众多。部分读者可能怀着期待翻开本书，但在通读全书后又会感到不快，就像我前面提到的措辞不当一样。我并没有贬低阳明学的意思，而是认为从学术角度讨论阳明学的历史和信奉阳明学的教义完全是两码事。然而，近年来这种区分似乎越来越不被认可，对于这种趋势我感到非常担忧。

与此相关的是中国的经济增长和政治崛起削弱了日本在国际社会的相对地位，这也成为"反中"情绪蔓延的一个原因。20世纪上半叶流行的类似"我们日本人在道德上更优秀"的言论如今又死灰复燃。如果直接从学术上对此类言论进行反驳，就可能会被指责为"不爱国"（我本人也曾因在电视节目中的发言而立刻遭到批评）。

在这样的背景下，我认为本文文末提出的问题比十年前更具现实意义。每个人都应通过"道问学"认真思考并面对当前的问题，而不是盲目接受所学或所听的内容，之后再遵循自己的"良知"去行动。这就是我所期望的。

朱熹和王守仁提出的问题至今仍是我们自身必须面对的问题。

"皇纪"二千六百七十三年[1]夏至　于加贺藩江户宅邸旧址

小岛毅

1　即公元 2013 年。"皇纪"为日本的神武纪年，以第一代天皇神武天皇即位的年份（公元前 660 年）为元年。——编者

【附录】

中国

韩愈　768—824

　　字退之，谥号文。根据官职或封地也被称为吏部或昌黎。邓州南阳县（河南省）人。经过艰苦努力最终通过科举成为官员。他主张排佛，倡导恢复儒教的纯正，引发了广泛的争议。他批评了几百年来流行的文体，发起古文运动并被后世尊称为唐宋八大家之一。

范仲淹　989—1052

　　字希文，谥号文正。苏州吴县（江苏省）人。出生后不久便丧父，曾一度从母改嫁后的夫姓，后恢复范姓。他通过科举走上了官僚的精英之路，作为改革派的领袖同宰相吕夷简等人发生冲突。因和西夏的谈判中取得了显著的成果而升任参知政事，参与了庆历之治。他为家族设立的范式义庄后来成为宗族联合的典范。

欧阳修 1007—1072

字永叔，谥号文忠。吉州庐陵（江西省）人。他亦是幼年丧父，由母亲启蒙学问。作为科举官僚，他官至参知政事，此外还领导了古文运动和对经书的文献批判，创立了金石学，并推动了史学思想的转变，代表了新兴士大夫的思想文化。他还为家族编纂了族谱，对宗族的形成起到了重要作用。

司马光 1019—1086

字君实，谥号文正，世称涑水先生，又根据封地称为温公。陕州夏县（山西省）人。他作为名门出身的新晋官员在朝中颇具影响力。英宗时期的濮议之争中，他与欧阳修等政府官员发生了对立。神宗时期，因反对王安石变法而远离权力中心，退居洛阳专心撰写《资治通鉴》。哲宗即位后，他作为旧党领袖被召回且官拜宰相，但仅数月后便与世长辞。

张载 1020—1077

字子厚，世称横渠先生。凤翔府眉县（陕西省）人。科举出身，因反对王安石变法而选择隐退。他在礼学方面造诣颇深，提出了不同于王安石新法的以宗族为基础的秩序构想。这个构想的核心是《礼记·中庸》和《易》的宇宙论，以此为基础确立了政治思想和伦理思想。他与二程是亲戚，并有学术上的交流。他的学说随着他的出生地又被尊称为"关学"。

王安石 1021—1086

字介甫，号半山，谥号文，又随封地被称为荆公。抚州临川县（江西省）人。曾历任地方官职，后被神宗召回朝廷，主导政务改革并担任宰相。在经学方面，他撰写新的注释书，其学派对北宋末期的学界产生了深远的影响。他对佛教和老庄思想都颇有研究，堪称北宋最杰出的思想家之一。此外，他在文章方面也颇有建树，被列为唐宋八大家之一。

程颢 1032—1085

字伯淳，又称明道先生。河南府洛阳县（河南省）人。少年时期在父亲的指导下，同弟弟程颐一起由周敦颐开蒙。在欧阳修担任考官时考上进士，随后作为年轻官僚在朝堂中崭露头角。最初也支持过王安石的改革，后随父亲和弟弟蛰居洛阳，并与司马光、张载、邵雍等人交往。他把天和理结合在一起视作万物的根源，提出通过万物一体之仁实现融合。

程颐 1033—1107

字正叔，世称伊川先生。程颢的弟弟。成年后在太学拜胡瑗为师，他写的《颜子好学论》令老师惊艳。在哲宗前期，他在旧党政权中担任侍讲，因同苏轼关系不和引发派系争斗。他提出理一分殊的思想，推崇《礼记》中的《大学》和《中庸》，还对《大学》的文本顺序进行重新排列，皆早于朱熹。他还培养了众多门人，逐渐形成以道学为核心的学派。

220 苏轼 1036—1101

字子瞻，号东坡，谥号文忠。眉州眉山县（四川省）人。和父亲苏洵、弟弟苏辙并称三苏，三人都是名列唐宋八大家的文章名家。他被新党视作眼中钉，屡次遭到贬谪，最终在归京的途中离世。他不仅在诗文和作词方面造诣深厚，在书画上也是才华横溢。他成为继欧阳修之后士大夫文化的代表性人物。在经学领域也发挥了重要作用。

大慧宗杲 1089—1163

禅师。宣州宁国县人（安徽省）。在临济宗杨岐派的圆悟克勤身边修行，并继承其衣钵。他于临安（今浙江省杭州市）的径山批评曹洞宗的修行方法，提倡以先人留下的语录为线索的看话禅（公案禅），对士大夫阶层产生了深远的影响。

张栻 1133—1180

字敬夫、钦夫，号南轩。汉州绵竹县（四川省）人。南宋政权初期的宰相张浚之子。师从胡宏，并继承了胡宏的湖南学。作为朱熹的友人，对朱熹的思想形成产生了影响。同时，他的学说也随着这种交流发生变化。他还著有《论语》《孟子》《易》等经典的注解。

吕祖谦 1137—1181

字伯恭，世称东莱先生。出自名门吕氏，吕氏在吕夷简之后高官辈出。南宋时期举家迁居至婺州金华县（浙江省）。他在经学和史学方面造诣深厚，文章也非常出色，成为科举考生学习的典范。他和朱熹共同编纂了《近思录》，并在鹅湖会议上促成了朱熹与陆九渊兄弟的会面。作为人脉关系网中的关键人物，为道学的发展做出了重要贡献。

陆九渊 1139—1192

字子静，号象山。抚州金溪县（江西省）人。兄长陆九韶、陆九龄也是著名思想家。他同朱熹就修身养性论和对周敦颐的评价问题展开了论证。在经学上没有独立的著作，但他基于《孟子》发展了以"心"为中心的思想，后世将他视为阳明学的源头。

陈亮 1143—1194

字同甫，人称龙川先生。婺州永康县（浙江省）人。他反对与金议和，主张将都城迁往前线南京以便发起进攻。他认为汉代以来的政治和人物有许多值得肯定的地方，与朱熹就此展开了义利王霸之争，并因此被批为功利主义的学说。

白玉蟾 1134—1229（?）

道士。本名葛长庚，字如晦、白叟，号海琼子。琼州（海南省）人。一说福州闽清县（福建省）人。据传他曾在福建北部的武夷山一带授业，但已无从考证。他继承了内丹道（即通过身体技法追求成仙的修养方法）的传统，并为传播教义留下了大量著作。

吴澄 1249—1333

字幼正，号草庐。抚州崇仁县（江西省）人。他最初为了在南宋仕官而努力求学，但在元朝统治期间选择隐居讲学。后被朝廷召回，担任翰林学士。他有着强烈的继承道统的意识，致力于成为朱熹之后的继承者，并将朱熹的学说与陆九渊的心学相结合。他为多部经书加注，与学风不同的许衡并列为元代最具代表性的儒者之一。

方孝孺 1357—1402

字希直，号逊志，人称正学先生。台州府宁海县（浙江省）人。拜宋濂为师，继承了金华学派的学术思想。他曾是建文帝手下的政策顾问，秉承修己治人的理念，积极推动以《周礼》为范本的制度改革。靖难之役建文帝战败后，他从名分论的立场出发当面呵斥永乐帝，全家及门人皆遭到诛杀。此后他的名誉得以恢复，是明初代表性的朱子学者。

薛瑄 1389—1464

字德温，号敬轩，谥号文正。平阳府河津县（山西省）人。他成为进士后在官场上表现突出，最终官拜翰林学士。他强调居敬的实践，并提出理气相融的学说。他撰写了《读书录》，但没有留下经书注解。他是北方儒学的核心人物，被尊称为河东学派的开创者。

丘濬 1419—1495

字仲深，号琼山。琼州府琼山县（海南省）人。

成为进士后仕途顺利，官拜文渊阁大学士。他借用真德秀《大学衍义》的书名和结构，历经数十年编撰完成《大学衍义补》并献给皇帝，借古今事迹阐述治国平天下的具体政策。此外，他为了完善和推广朱子学，还撰写了《朱子学的》《家礼仪节》等书。另有一部阐述历史观的著作《世史正纲》。

陈献章 1428—1500

字公甫，人称白沙先生。广州府新会县（广东省）人。师从吴与弼。他放弃了科举，返回故乡讲学。在当时思想潮流的影响下，强调"心"性主体，展开了超越朱子学框架的思考。

湛若水 1466—1560

字元明，人称甘泉先生。广州府增城县（广东省）人。师从陈献章，他发展了老师的学说，强调体认天理的重要性。与王守仁关系密切，并在江南创立了比肩阳明学的思想流派。

林兆恩 1517—1598

字懋勋，号龙江。兴化府莆田县（福建省）人。提倡儒释道三教的内容本出同源，创立三一教。他在道教内丹思想的身体观的基础上，巧妙地融合了朱子学的伦理修养。他创立的教团作为民间组织承担了一部分的公益事业，反映了当时的社会思潮。

李贽 1527—1602

字宏甫，号卓吾。泉州府晋江县（福建省）人。

出身于穆斯林家庭。辞官后成为一名著述家和讲学者，展现出不拘泥于儒释道三教的独创性和自由思考。不过，由于批判礼教秩序被划分为危险人物，遭到监禁，最终自裁于狱中。

黄宗羲　1610—1695

字太冲，号梨洲，别号南雷。绍兴府余姚县（浙江省）人，和王守仁是同乡。其父黄尊素是东林党成员，被判死刑。参加东林党复社，明亡后活跃于反清运动中。他以阳明学正统继承者的身份总结了宋代至明代的儒家思潮，并与顾炎武一起开创了经学和史学的新方法，是清朝学术的奠基者之一。他撰写的批判君主专制政治的论文也颇为有名。

顾炎武　1613—1682

字宁人，号亭林。苏州府昆山县（江苏省）人。他曾参与复社致力于社会改革，在明朝灭亡后又投身反清斗争，成为清政府追捕的对象。尽管后来获得赦免，被朝廷招抚参与编纂《明史》，他却坚决拒绝，始终坚持明朝遗臣的立场。他对古今制度沿革有着深厚造诣，这些见解集中体现在《日知录》中。此外，他还在音韵学领域开辟了新局面，被后世视为考据学的开创者之一。

王夫之　1619—1692

字而农，世称船山先生。衡州府衡阳县（湖南省）225 人。明亡后，参加反清军事斗争。大势已去后归隐，专心写作。他在经学、史学以及老庄思想等多个领域都有深入研究。特别是在《读四书大全说》中，他批判了宋明时期的注释，并通过《张子正蒙注》弘扬了张载的宇宙论。近代以来，他的思想对毛泽东等众多革命思想家产生了深远的影响。

惠栋 1687—1785

字定宇、松崖。苏州府吴县（江苏省）人。因是红豆先生惠士奇之子，故又称小红豆先生。他出生于考据学世家，上自祖父惠周惕始。自幼广泛涉猎各类书籍，50岁以后，非常专注于研究《易》。他摒弃了王弼以来的义理易，致力于恢复汉代以前的象数易。他培养了众多弟子，被尊为吴派的领袖。

戴震 1723—1777

字东原。徽州府休宁县（安徽省）人。出生于12月，因此按照公历来算应当是1724年生人。师从江永，继承了礼学、历算学和音韵学。受到钱大昕的赏识，参与编纂四库全书。他的特点是主张古典研究中的"实事求是"主义和引入西方科学。在《孟子字义疏证》中，通过实践方法证明了朱子学的理气论和心性论缺乏文献根据。

226

朝鲜

李滉 1501—1570

字退溪。庆尚道礼安县人。他曾在官场任职，但未能实现理想。后来回到故乡创办陶山书院，专心培养后学。他强调严格区分理与气，确立了重"理"的学风，并与奇大升就性与情的问题展开了四七理气论争[1]。他在《传习录论辩》中对阳明学进行了批判。他的学派被后世称作岭南学派。

李珥 1536—1584

号栗谷。江原道江陵县人。他继承了李滉的学说，并与成浑展开了四七理气论争，主张"理"由"气"所发。他不仅关注学术研究，还对政治事务表现出浓厚的兴趣，强调修身和治人同样重要。他的学派后来被称为畿湖学派。

日本

山崎闇斋 1618—1682

名嘉。土佐地方人士。他起初在禅寺学习，后来受海南学派儒学的影响还俗。他前往京都，培养了众多门人。他将神道教义中的"敬畏"概念与朱子学的"敬"相融合，将武士的忠诚观念从传统的个人情感关系转变为普遍的道德原则。他借助朝廷的权威将德川将军的统治正当化，这一做法也成为日后尊皇思想的源头之一。

---

1 李滉主张四端为理之发，七情为气之发。——编者

荻生徂徕　1666—1728

名双松。他的姓氏是物部，故取雅号"物茂卿"。出生于江户，是德川纲吉侍医的儿子。早年信奉朱子学，晚年开始转问批判朱熹的思想，并创立了重视礼乐和文学的独特学说。他提出古文辞学，主张要想正确解读经书就必须通晓中国古代的语言，并强调在训读时采用唐音进行解读。

参
考
文
献

※以日语文献为中心，内容相同则现在更易找到的版本优先

涵盖全书的文献

诸桥辙次《儒学的目的和宋儒的活动》（诸桥辙次著作
　集 1　大修馆书店　1975 年）

岛田虔次《中国近代思维的挫折》（全二卷　平凡社
　2003 年）

岛田虔次《朱子学和阳明学》（岩波新书　1967 年）

间野潜龙《朱子与王阳明》（清水新书　1984 年）

楠本正继《宋明时代儒学思想的研究》（广池学园出版
　部　1962 年）

山井涌《明清思想史研究》（东京大学出版会　1980
　年）

安田二郎《中国近代思想研究》（弘文堂　1948 年）

汤浅幸孙《中国伦理思想研究》（同朋舍　1981 年）

沟口雄三《中国前近代思想的曲折与展开》（东京大学
　　出版会　1980 年）

沟口雄三、伊东贯之、村田雄二郎《中国视角》（平凡
　　社　1995 年）

沟口雄三《中国的思想》（放送大学教育振兴会　1991
　　年）

户川芳郎、蜂屋邦夫、沟口雄三《儒教史》（山川出版
　　社　1987 年）

沟口雄三、丸山松幸、池田知久（编）《中国思想文化
　　事典》（东京大学出版会　2001 年）

小岛毅《中国近世的礼之言说》（东京大学出版会
　　1996 年）

小岛毅《宋学的形成和展开》（创文社　1999 年）

《朱子学大系》（全十四卷　明德出版社　1974—1978
　　年）

《阳明学大系》（全十二卷　明德出版社　1971—1974
　　年）

第一章

宇野哲人《中国思想》（讲谈社学术文库　1980 年）

内村鉴三（铃木范久译）《代表的日本人》（岩波文库
　　1995 年）

新渡户稻造（矢内原忠雄译）《武士道》（岩波文库

1983 年）

高濑武次郎《日本之阳明学》（铁华书院　1898 年）

井上哲次郎《日本阳明学派之哲学》（富山房　1900
年）

井上哲次郎《日本古学派之哲学》（富山房　1902 年）

井上哲次郎《日本朱子学派之哲学》（富山房　1906
年）

吉田公平《日本的阳明学》（鹈鹕社　1999 年）

狭间直树（编）《共同研究　梁启超》（美铃书房
1999 年）

高桥亨《李朝儒学史中主理派主气派的发展》（京城帝
国大学法文学会《朝鲜支那文化的研究》　1929
年）

三岛由纪夫《作为革命哲学的阳明学》（三岛由纪夫全
集 34　新潮社　1976 年）

荻生茂博《日本近代阳明学的成立》（《季刊日本思想
史》59　2001 年）

230 **第二章**

伊原弘、小岛毅《知识分子的多面性》（勉诚出版
2001 年）

麓保孝《北宋时期儒学的展开》（书籍文物流通会
1967 年）

井上彻《中国之宗族和国家的礼制》（研文社　2000

年）

宫崎市定《科举》（中公文库 1984 年）

村上哲见《科举探析》（讲谈社学术文库 2000 年）

平田茂树《科举和官僚制》（山川出版社 1997 年）

何炳棣（寺田隆信、千种真一译）《科举和近世中国社
会》（平凡社 1993 年）

余英时（森纪子译）《中国近世的宗教伦理和商人精
神》（平凡社 1991 年）

本杰明·A. 埃尔曼（秦玲子译）《作为再生产机制的
明清科举》（《思想》810 1991 年）

第三章

荒木见悟、沟口雄三《朱子·王阳明》（中央公论社
1979 年）

三浦国雄《朱子》（讲谈社 1979 年）

大西晴隆《王阳明》（讲谈社 1979 年）

佐藤仁《朱子》（集英社 1980 年）

山下龙二《王阳明》（集英社 1980 年）

衣川强《朱熹》（白帝社 1994 年）

第四章

田中谦二《朱门弟子师事年考》（田中谦二著作集 3
汲古书院 2001 年）

市来津田彦《朱熹门人集团形成的研究》（创文社

2002 年）

嵇文甫《左派王学》（开明书店　1934 年）

第五章

丸山真男《日本政治思想史研究》（东京大学出版会
1952 年）

吉川幸次郎《仁斋·徂徕·宣长》（岩波书店　1975
年）

和岛芳男《日本宋学史研究（增补版）》（吉川弘文馆
1988 年）

尾藤正英《日本封建思想史研究》（青木书店　1961
年）

相良亨《日本的思想》（鹈鹕社　2001 年）

下川玲子《北畠亲房的儒学》（鹈鹕社　2001 年）

阿部吉雄《日本朱子学与朝鲜》（东京大学出版会
1967 年）

野口武彦《王道与革命之间》（筑摩书房　1986 年）

渡边浩《近世日本社会和宋学》（东京大学出版会
1985 年）

黑住真《近世日本社会和儒教》（鹈鹕社　2003 年）

前田勉《近世日本的儒学和兵学》（鹈鹕社　1996 年）

辻本雅史《近世教育思想史研究》（思文阁出版　1990
年）

232 子安宣邦《江户思想史讲义》（岩波书店　1998 年）

町田三郎《明治的汉学者们》（研文出版　1998 年）

村山吉广《汉学家的生平探究》（大修馆书店　1999
年）

大桥健二《良心与至诚的精神史》（勉诚出版　1999
年）

山下龙二《儒教与日本》（研文社　2001 年）

中村春作《江户儒教和近代的"知"》（鹈鹕社　2002
年）

第六章～第九章

陈淳（佐藤仁译）《朱子学的基本用语》（研文出版
1996 年）

市川安司《程伊川哲学研究》（东京大学出版会　1964
年）

市川安司《朱子哲学论考》（汲古书院　1985 年）

友枝龙太郎《六子的思想形成》（春秋社　1969 年）

山根三芳《朱子伦理思想研究》（东海大学出版会
1983 年）

土田健次郎《道学的形成》（创文社　2002 年）

木下铁矢《再读朱熹》（研文出版　1999 年）

冈田武彦《王阳明和明末儒学》（明德出版社　1986
年）

山下龙二《阳明学研究　成立篇》（现代情报社　1971
年）

山下龙二《阳明学研究　展开篇》（现代情报社　1971年）

233 荒木见悟《新版　佛教与儒教》（研文出版　1993年）

吴震《围绕杨慈湖的阳明学的多面性》（《东方学》97 1999年）

高桥进《朱熹和王阳明》（国会刊行会　1977年）

松川健二《宋明的论语》（汲古书院　2000年）

岩间一雄《中国政治思想史研究》（未来社，第二版 1990年）

今井宇三郎《宋代易学研究》（明治图书出版　1958年）

第十章

三浦国雄《气的中国文化》（创元社　1994年）

三浦国雄《朱子及气与身体》（平凡社　1997年）

山田庆儿《朱子的自然学》（岩波书店　1977年）

山田庆儿《授时历之道》（美铃书房　1980年）

第十一章

宫崎市定《东洋的近世》（中公文库　1999年）

宫崎市定《中国文明论集》（岩波文库　1995年）

佐伯富《宋的新文化》（中公文库　2000年）

程元敏《三经新义辑考汇评》（全四册，台北：编译馆 1986—1987年）

小岛毅《中国思想与宗教的奔流》（讲谈社　2005 年）

第十二章

竹内照夫《四书五经入门》（平凡社　2000 年）

佐野公治《四书学史的研究》（创文社　1988 年）

松川健二（编）《论语的思想史》（汲古书院　1994 年）

宫崎市定《明代苏松地方的士大夫和民众》（宫崎市定全集 13　岩波书店　1993 年）

第十三章

荒木见悟《阳明学的展开与佛教》（研文出版　1984 年）

小林正美《中国的道教》（创文社　1998 年）

增尾伸一郎、丸山宏（编）《阅读道教经典》（大修馆书店　2001 年）

蜂屋邦夫《金代道教的研究》（汲古书院　1992 年）

吾妻重二《太极图的形成》（《日本中国学会报》46　1994 年）

三浦秀一《中国心学的棱线》（研文出版　2003 年）

第十四章

小川环树《内藤湖南》（中央公论社　1971 年）

内藤湖南《支那近世史》（内藤湖南全集 10　筑摩书

房　1969 年）

守本顺一郎《东洋政治思想史研究》（未来社　1967
　　年）

岸本美绪《东亚的"近世"》（山川出版社　1998 年）

姜在彦《朝鲜儒教的两千年》（朝日新闻社　2001 年）

井上进《中国出版文化史》（名古屋大学出版会　2001
　　年）

富谷至《书记的文化史》（岩波书店　2003 年）

源了圆《德川合理思想的谱系》（中央公论社　1972
　　年）

海尔曼·奥姆斯（黑住真等译）《德川意识形态》（鹈
　　鹕社　1990 年）

尾藤正英《什么是江户时代》（岩波书店　1992 年）

朝尾直弘编《世界史里的近世》（中央公论社　1991
　　年）

渡边浩《东亚的王权与思想》（东京大学出版会　1997
　　年）

第十五章

Wm. T. 多巴利（山口久和译）《朱子学与自由的传
　　统》（平凡社　1987 年）

中村俊也《新儒家论》（亚纪书房　1996 年）

加地伸行《儒教是什么》（中公新书　1990 年）

金谷治《思考中国思想》（中公新书　1993 年）

朱子学与阳明学

余英时《犹记风吹水上鳞》（台北：三民书局　1991年）

杜维明《儒家思想》（台北：东大图书公司　1997 年）

Robert Neville, *Boston Confucianism*, New York: State University of New York Press, 2000.

下表是在小岛毅著《宋学的形成与展开》内容的基础上进行补充和修订后完成的。

公历 （年）	中国的思想文化史事件	内外的政治事件
607	科举制度实施	
618		唐建国
622		阿拉伯穆罕默德迁徙
640	《五经正义》成书	
755		安史之乱伊始
794		日本平安迁都
800		西欧查理大帝加冕
960		宋建国
1043	范仲淹庆历新政	
1046	程氏兄弟拜周敦颐为师	
1069		王安石变法开始

公历 （年）	中国的思想文化史事件	内外的政治事件
1075	王安石《周官新义》成书	
1084	司马光《资治通鉴》成书	
1090 左右	程颐与苏轼论战	
1096		西欧第一次十字军东征
1102	新党对道学派进行镇压	
1127		靖康之变（北宋灭亡）
1173	朱熹《太极图说解》成书	
1175	朱熹、吕祖谦《近思录》成书	
1177	朱熹《论语孟子集注》成书	
1185		日本坛之浦之战
1187	朱熹陆九渊无极太极之争	
1197	庆元党禁（朱子学被排挤）	
1206		成吉思汗即位
1217	《仪礼经传通解》刊行	
1228 左右	陈淳《北溪字义》刊行	
1241	王安石被从祀孔庙除名，周程张朱取而代之	
1276		元军攻陷临安（南宋灭亡）
1334		日本建武新政
1368		明建国
1392		朝鲜王朝建国
1402	方孝孺被处刑	
1405		郑和历访南海诸国
1415	《四书五经性理大全》成书	

公历 （年）	中国的思想文化史事件	内外的政治事件
1453		奥斯曼军队攻陷君士 坦丁堡
1467		日本应仁之乱开始
1487	丘濬《大学衍义补》成书	
1508	王守仁龙场悟道	
1517		葡萄牙人抵达广州
〃		西欧开始宗教改革
1518	《传习录》刊行（现在的上 卷）	
1520	王守仁提倡致良知说	
1527	围绕四句教的天泉桥问答	
1531 左右	黄佐《泰泉乡礼》成书	
1550 左右	钱德洪、王畿等人的讲学 活动兴盛	
1582		利玛窦抵达澳门
〃		日本本能寺之变
〃		天主教国家改用格里 高利历
1598	顾宪成同无善无恶论者的 论争	
1600		日本关原合战
1618		西欧爆发三十年战争
1644		清军攻入北京
1676	黄宗羲《明儒学案》成书	
1683		清朝管辖台湾
1720		日本放宽书籍进口 限制
1782	《四库全书》成书	

公历（年）	中国的思想文化史事件	内外的政治事件
1789		法国革命
1790		日本宽政异学之禁
1840		第一次鸦片战争
1868		日本明治维新
1890		日本颁布教育敕语
1894		甲午战争
1904		日俄战争
1906	废除科举	
1910		日韩合并
1919	五四运动	
1931		九一八事变
1949		中华人民共和国成立（国民党逃往中国台湾）

人物生卒

按出生年先后

孔子　551/552—479BC
老子　？—？
曾子　505BC—？
释迦牟尼　463—383BC
亚里士多德　384—322BC
孟子　372—289BC
秦始皇　259—210BC
服虔　活跃于190左右
郑玄　128—200
刘备　161—223
后汉献帝　180—234
曹丕　187—226
王弼　226—249
王羲之　321—379
庐山慧远　334—416
唐太宗　598—649

则天武后　624—705
唐高宗　628—683
唐玄宗　685—762
韩愈　768—824
李翱　772—841
刘禹锡　772—842
唐武宗　814—846
陈抟　？—989
宋太宗　939—997
种放　956—1015
孙奭　962—1033
宋真宗　968—1022
杨亿　974—1020
吕夷简　979—1044
范仲淹　989—1052
孙复　992—1057

胡瑗　993—1059

石介　1005—1045

欧阳修　1007—1072

契嵩　1007—1072

苏洵　1009—1066

宋仁宗　1010—1063

邵雍　1011—1077

周敦颐　1017—1073

陈襄　1017—1080

司马光　1019—1086

张载　1020—1077

王安石　1021—1086

吕大钧　1031—1082

宋英宗　1032—1067

程颢　1032—1085

程颐　1033—1107

苏轼　1036—1101

苏辙　1039—1112

吕大临　1040—1092

王雱　1044—1076

宋神宗　1048—1085

谢良佐　1050—1103

杨时　1053—1135

圆悟克勤　1063—1135

罗从彦　1072—1135

朱震　1072—1138

宋哲宗　1076—1100

宋徽宗　1082—1135

吕本中　1084—1145

大慧宗杲　1089—1163

秦桧　1090—1155

李侗　1093—1163

张九成　1092—1159

朱松　1097—1143

张浚　1097—1164

胡宏　1106—1162

宋孝宗　1127—1194

何镐　1128—1175

朱熹　1130—1200

陆九韶　？—？

陆九龄　1132—1180

张栻　1133—1180

白玉蟾（葛长庚）
　1134—1229？

蔡元定　1135—1198

吕祖谦　1137—1181

陆九渊　1139—1192

荣西　1141—1215

杨简　1141—1226

陈亮　1143—1194

黄裳　1146—1194

黄榦　1152—1221

朱塾　1153—1191

朱埜　1154—1211

陈淳　1159—1223

郑南升　？—？

黄士毅　？—？

蔡沈　1167—1230

朱在　1169—？

真德秀　1178—1235

朱锯　？—？

道元　1200—1253

圆尔　1202—1280

朱渊　？—？

许衡　1209—1281

贾似道　1213—1275

忽必烈　1215—1294

黎靖德　？—？

郭守敬　1231—1316

文天祥　1236—1283

吴澄　1249—1333

后醍醐天皇　1288—1339

北畠亲房　1293—1354

宋濂　1310—1381

明洪武帝　1328—1398

李成桂（朝鲜太祖）
　1335—1408

郑道传　？—1398

郑梦周　1337—1392

方孝孺　1357—1402

明永乐帝　1360—1424

明建文帝　1383—1401

薛瑄　1389—1464

吴与弼　1391—1469

世宗（朝鲜）　1398—1450

陈真晟　1411—1474

丘濬　1419—1495

了庵　1425—1514

陈献章　1428—1500

蔡清　1453—1508

王华　1453—1522

董沄　1457—1533

罗钦顺　1465—1547

湛若水　1466—1560

王守仁　1472—1528

王廷相　1474—1544

林希元　1482—1566

王艮　1483—1540

马丁·路德　1483—1546

黄佐　1490—1566

刘文敏　1490—1572

钱德洪　1496—1574

陈建　1497—1567

王畿　1498—1584

李滉　1504—1596

颜钧　1515—1588

罗汝芳　1517—1579

梁汝元（何心隐）
　1517—1579

林兆恩　1517—1598

王时槐　1522—1605

丰坊　？—？

奇大升　1527—1572

李贽　1527—1602

成浑　1535—1598

许孚远　1535—1604

李珥　1536—1584

焦竑　1540—1620

杨起元　1547—1599

周汝登　1547—1629

冯从吾　1556—1627

藤原惺窝　1561—1619

徐光启　1562—1633

刘宗周　1578—1645

林罗山　1583—1657

黄尊素　1584—1626

朱舜水　1600—1682

中江藤树　1608—1648

池田光政　1609—1682

黄宗羲　1610—1695

保科正之　1611—1672

顾炎武　1613—1682

黄宗炎　1616—1686

山崎闇斋　1618—1682

熊泽蕃山　1619—1691

王夫之　1619—1692

木下顺庵　1621—1698
山鹿素行　1622—1685
汤斌　1627—1687
伊藤仁斋　1627—1705
德川光圀　1628—1700
徐乾学　1631—1694
万斯同　1638—1702
李光地　1642—1718
德川纲吉　1646—1709
张伯行　1651—1725
清康熙帝　1654—1722
惠周惕　？—？
新井白石　1657—1725
柳泽吉保　1658—1714
室鸠巢　1658—1734
德川家宣　1662—1712
荻生徂徕　1666—1728
史多提　1668—1741
王懋竑　1668—1741
惠士奇　1671—1741
江永　1681—1762
德川吉宗　1684—1751
石田梅岩　1685—1744
惠栋　1697—1758
清乾隆帝　1711—1799
戴震　1723—1777
康德　1724—1804
柴野栗山　1736—1807
尾藤二洲　1745—1813
松平定信　1758—1829
江藩　1761—1831
黑格尔　1770—1831
大盐中斋　1793—1837
曾国藩　1811—1872

元田永孚　1818—1891
西乡隆盛　1827—1877
西村茂树　1828—1902
西周　1829—1897
吉田松阴　1830—1859
三岛毅　1830—1919
中村正直　1832—1891
高杉晋作　1839—1867
井上毅　1843—1895
井上哲次郎　1855—1944
康有为　1858—1927
柏格森　1859—1941
内村鉴三　1861—1930
新渡户稻造　1862—1933
内藤虎次郎　1866—1934
服部宇之吉　1867—1939
高瀬武次郎　1868—1950
宇野哲人　1875—1974
高桥亨　1878—1967
鲁迅　1881—1946
熊十力　1885—1968
张君劢　1887—1969
蒋介石　1887—1975
毛泽东　1893—1976
梁漱溟　1893—1988
冯友兰　1895—1990
钱穆　1895—1990
安冈正笃　1898—1983
贺麟　1902—1992
徐复观　1903—1982
唐君毅　1909—1978
牟宗三　1909—1995
丸山真男　1914—1996
岛田虔次　1917—2000

守本顺一郎　1922—1977　　余英时　1930—2021
尾藤正英　1923—2013　　朝尾直弘　1931—2022
三岛由纪夫　1925—1970　　杜维明　1940—

人名索引

除朱熹和王守仁

（本索引及书名、事项索引页码均为原书页码，即中译本页边码）

書名索引

译 后 记

本书的作者小岛毅教授是当代日本知名的汉学家和研究东洋思想史的专家，他的学术视野十分广阔。他以宋代儒学中新思想潮流的形成及其逐步汇聚为朱子学的历程为主要研究对象。同时，他的研究还延伸至中世以后日本对朱子学的接受与发展，尤其从王权论的角度出发，探究与天皇制相关的思想与礼仪现象。近年还参与了"尊严"概念的合作研究项目，借此进一步审视东亚传统思想的内涵与价值。此外，小岛教授还通过深入浅出的方式，让普通读者也有机会一睹东亚思想的风采。《朱子学与阳明学》正是他面向普通读者的代表作之一。

最初接受这本书的翻译工作时，我认为这是一项可以很快完成的工作，然而实际过程却比预计的漫长了许多。起初,疫情的反复打乱了原有的紧凑计划。随后,我又忙于自己的博士论文写作,导致交稿一拖再拖。在此期间,多亏出版社的责任编辑始终保持耐心,让我能够在较为宽松的时限中从容应对。在此,我要向她表达由衷的感谢,感激她在整个过程中给予的理解、包容和信任。

在翻译过程中,我遇到的最大难题就是书中古籍引文的呈现方式。小岛教授在引用中国古代典籍时,往往结合日语语境,对原文进行了适度的诠释。这些经过日语转化的古代文献,若原样恢复为文言原文,读者可轻易对照原典,却难以把握作者添加在日语中的细微处理。若尝试将日语重新翻译成现代汉语,有可能增加读者的理解难度,甚至造成混淆。经过反复权衡,我最终决定在尽量使用文言原文的基础上,通过注释做出适当说明,以期在尊重原典风貌和体现作者诠释思路之间寻求一种平衡。然而,确定了这种处理方式后,我又意识到,由于我所在的院校在人文学科上更加偏重西方,对中国哲学思想的关注也不够多,学校的图书馆难以提供充足的文献资料。这使我在确认引文字句的正确性时难以多方比对,常有捉襟见肘之感。如果因此出现疏漏或不足,还望读者海涵。

我衷心期望,中文读者借由这部译本,以及小岛教授对朱子学、阳明学的发展脉络与思想背景的梳理,更深入地理解中国思想在不同时代、不同地域的传承与变迁。对于译本的缺憾,我将保持谦逊的态度,虚心接受读者的批评和建议。愿这份译本以温和、开放的方式,成为联结各位读者与思想对话的桥梁。

胡　婧

2024 年 11 月